Sebastian Krumbiegel
Courage zeigen
Warum ein Leben
mit Haltung gut tut

INHALT

BRIEF VON UDO LINDENBERG..........6
VORWORT..........8

1. **»ZUR RICHTIGEN ZEIT AN DER RICHTIGEN STELLE«**..........11
   Systemabsturz, zwei »Jugoslawen« in Ungarn und die Geburt eines politischen Musikfestivals

2. **»DA RUTSCHTE MIR DAS HERZ IN DIE HERUNTERGELASSENE HOSE«**..........25
   Ein »futuristisches Gemälde«, ein Strauß Hundeblumen und finstere Geschichten aus dunklen Zeiten

3. **»WIE AUS EINEM PERFEKTEN TAG EIN ALBTRAUM WURDE«**..........44
   Baseball-Schläger, Springerstiefel, eine Gerichtsverhandlung und ein Wiedersehen im Knast

4. **»ICH HABE DAS GLÜCK, EIN PRINZ ZU SEIN«**..........61
   Roter Teppich, die Höhle des Löwen und die Erotik der Macht

5. **»WER DEN KOPF AUS DEM FENSTER HÄLT, WIRD GEFÖHNT«**..........76
   Ein Fehler, die Folgen und der beste Tipp meiner Mutter

6. **»MANCHMAL ERSCHRECKE ICH MICH VOR MIR SELBST«**..........85
   Drugs and Weapons, eine Reise nach Kuba und ein geklautes Fahrrad

7. **»ICH GLAUBE AN DIE LIEBE«**................................93
   Bibelrüstzeit, glibbriger Gulasch und
   ein letztes Gebet

8. **»HIER IST DAS ERSTE DEUTSCHE
   FERNSEHEN MIT DER TAGESSCHAU«**............... 103
   Elternhaus, Jugendweihe, Konfirmation
   und der schönste Junge aus der DDR

9. **»WIR TRAUERN UM JIMI HENDRIX UND
   JANIS JOPLIN«**................................ 123
   Club 27 und die Friedliche Revolution

10. **»ÜBER NACHT POPSTAR«**........................ 144
    Annettes Hilfe, Rios Reis und
    Udos Underberg

11. **»DAS ENDE EINER FREUNDSCHAFT«**............... 159
    Weltreisen mit dem Thomanerchor,
    Softpornos in Osaka und Vollrausch
    in Moskau

12. **»... UND FÜHRE UNS NICHT IN
    VERSUCHUNG«**.................................176
    Großeltern, erste Liebe und das vorzeitige
    Ende als Chorknabe

13. **»37 – 38 – 39 – PFIRSICH«**.................. 202
    Die sinnlosesten 18 Monate meines Lebens

14. **»STASI IST NICHT GLEICH STASI«**............. 207
    Vergeben und vergessen?

NACHWORT.. 217
BILDLEGENDEN 221

BRIEF VON UDO LINDENBERG

Das erste Mal haben wir uns getroffen, als ich im Januar 1990 in Leipzig gesungen habe. Das war das erste richtige Panik-Konzert in der gerade überwundenen DDR. Er hatte sich hinter die Bühne geschlichen, und er hatte es sogar geschafft, sich bis in unsere Garderoben durchzumogeln. Strubbelhaare, Fingernagellack, Lidschatten und 'ne Demokassette in der Tasche – und er sagt: »Hey, Udo – ich mach auch Musik – hör mal rein! Ich will auch Popstar werden – wie geht'n das, ich brauch mal ein paar Udonauten-Tipps ...« Das hat mir imponiert. Ein Jahr später trafen wir uns im Boogie-Park-Studio in Hamburg, und noch ein Jahr später waren die Prinzen mit auf Panik-Tour durch die Bunte Republik. In den letzten Jahren haben wir uns immer wieder getroffen, zusammen Musik gemacht und vor allem immer viel miteinander geredet. Er ist ein Typ, der Musik nicht nur als Trallalala-Entertainment versteht, der was zu sagen hat, das auch immer wieder tut, auch wenn er damit gelegentlich immer mal gut aneckt. Er ist einer der Geheimräte, die genau wissen, dass wir mit dem, was wir machen, die Welt 'nen Tick fairer machen können. Zumindest versuchen wir das, so Vögel wie wir. Und dass wir daran glauben, dass wir damit durchkommen, ist unser von Optimismus geprägtes Grundgesetz. Ne, wir geben niemals auf. Sebastian hat 'ne Menge erlebt und viel zu erzählen. Dass er das jetzt aufgeschrieben hat, find ich top und sehr spannend – und ich wünsche mir, dass er damit viele Leute erreicht und motivieren kann. Prinzen, Sebastian. Unterhaltung mit Haltung. Komm, wir powern weiter.

In diesem Sinne – keine Panik, euer Udo

VORWORT

Unterhaltung – irgendwann habe ich für mich entdeckt oder vielleicht auch nur beschlossen, dass es kein Zufall ist, dass in diesem Begriff auch das Wort »Haltung« steckt. Damit schließt sich für mich ein Kreis. Natürlich bin ich in erster Linie Unterhalter oder eben neudeutsch »Entertainer«. Aber von Anfang an habe ich versucht, die Bühne, die ich habe, dafür zu nutzen, eine Haltung zu transportieren, meine Meinung zu sagen, auch wenn sie nicht immer jeder hören will. Das ist häufig eine Gratwanderung, weil es schnell passieren kann, dass der Eindruck entsteht, ich wolle das Publikum altklug oder besserwisserisch missionieren. Das will ich natürlich nicht, das versuche ich zu vermeiden, auch wenn es mir sicherlich nicht immer gelingt. Dass Musiker wie Bono oder Bob Geldof Events wie Live Aid oder andere Konzerte für ein respektvolles, menschliches Miteinander veranstalten, dass Künstler wie Udo Lindenberg oder Rio Reiser sich politisch klar gegen Rassismus oder Nazis positionieren, genau wie die Ärzte, die Toten Hosen, K.I.Z. oder Kraftklub, halte ich für wichtig und unverzichtbar. Natürlich wollen auch diese Leute in erster Linie unterhalten, aber sie tun es eben mit Haltung, und genau das brauchen wir ganz dringend. Es ist doch eigentlich nichts Neues, oder es sollte nichts Besonderes sein, wenn Künstler ihre Öffentlichkeit dafür nutzen, Themen anzusprechen, die ihnen wichtig sind. Sie können damit einerseits auf Missstände hinweisen, auf Dinge, die schieflaufen, andererseits können sie aber auch von Bewundernswertem berichten. Ich will mit dem, was ich hier schreibe, nicht belehrend oder pathetisch klingen, auch wenn ich weiß, dass ich manchmal dazu neige. Ich versuche vielmehr, den Ball flach zu halten und einfach nur Geschichten zu erzählen, die mich an- oder manchmal sogar aufgeregt haben.

Natürlich mache auch ich – wie jeder Mensch – jeden Tag Fehler und bin weit davon entfernt, perfekt zu sein. Aber ich mache mir Gedanken zu vielen Dingen. Und vielleicht kann ich mit den Geschichten, die ich hier erzähle, andere anknipsen, sich auch, und vielleicht sogar ähnliche Gedanken zu machen und so ganz automatisch einen kleinen Beitrag dazu leisten, dass wir alle besser miteinander klarkommen. Vielleicht ist es ja das höchste Gut, dass wir nicht verlernen, einander zuzuhören, weil das die Grundlage für ein respektvolles Miteinander ist.

In diesem Buch finden sich also viele kleine, persönliche Geschichten wieder, die vielleicht mehr Fragen stellen als Antworten geben.

Als mich in letzter Zeit ein paar Freunde ermunterten, ich solle doch die Geschichten, die ich während meiner Solo-am-Piano-Konzerte erzähle, aufschreiben, dachte ich: Nein – das ist mir eine Nummer zu groß, zu selbstbezogen oder zu wichtigtuerisch. Aber als ich dann irgendwann heimlich doch damit angefangen hatte, spürte ich, wie alles begann, aus mir rauszusprudeln. Ich merkte, dass immer mehr angeflogen kam, je mehr ich über Dinge, die ich erlebt hatte, nachzudenken begann. Es war schon komisch, wie Erinnerungen, die verblasst zu sein schienen, langsam immer deutlicher Gestalt annahmen. Dass diese Erinnerungen sehr subjektiv sind, war mir schnell klar. Dass es keine absolute Wahrheit gibt, ist ja logisch, denn jeder hat eine bestimmte Situation aus seiner ganz persönlichen Sicht anders erlebt, als einer, der vielleicht daneben stand. Jeder ruft sich eine Erinnerung mit sehr subjektiv wahrgenommenen Details in sein Gedächtnis zurück.

Deswegen ist dieses Buch weder eine Autobiografie noch eine messerscharfe Aufarbeitung meines bisherigen Lebens. Es ist ein sehr subjektives, sicher manchmal auch ganz schön egozentrisches Nachdenken über Dinge, die ich erlebt habe – ohne Anspruch auf chronologische Abfolge und Vollständigkeit. Mir hat es jedenfalls enormen Spaß gemacht, diese Dinge Revue passieren zu lassen. Ich habe damit angefangen und konnte oft nächtelang nicht aufhören weiterzuschreiben. Es war wie mit einem Buch, das mich fesselt. Ich verschlinge es innerhalb kürzester Zeit und ärgere mich danach, dass es ausgelesen ist, dass die Geschichte zu Ende erzählt ist. Am liebsten würde ich sofort die Fortsetzung lesen, auch wenn es die vielleicht gar nicht gibt. Ob das bei diesem Buch ähnlich ist, kann ich selbst am allerwenigsten einschätzen. Deshalb bleibt mir jetzt erst mal nur noch eines: Ich wünsche viel Spaß beim Lesen oder, um zum Ausgangspunkt, zum ersten Gedanken zurückzukehren:

Ich wünsche gute Unter-Haltung!

»ZUR RICHTIGEN ZEIT AN DER RICHTIGEN STELLE«

Systemabsturz, zwei »Jugoslawen« in Ungarn und die Geburt eines politischen Musikfestivals
Nach dem 9. Oktober 1989 waren die Weichen gestellt. Es wusste zwar noch niemand, wohin die Reise gehen würde, aber allen war klar, dass dieser Tag ein besonderer gewesen war, man spürte, dass diese unglaublichen Menschen-Massen auf den Straßen von Leipzig etwas in Bewegung gesetzt hatten, was nicht mehr aufzuhalten war. In den nächsten Wochen veränderte sich, fast unmerklich, das Klima der Montags-Demonstrationen. Am darauffolgenden Montag, am 16. Oktober waren es angeblich 300.000 Menschen, die in den frühen Abendstunden durch die Innenstadt liefen, die den Ring, der das Zentrum umschließt, bevölkerten. Die anfänglichen »Wir sind das Volk«-Sprechchöre wichen schnell dem fordernden »Wir sind ein Volk«, und mehr und mehr wurde die ursprünglich knisternde Atmosphäre durch eine andere abgelöst, eine fast volksfestartige – einerseits wirklich fröhlich und nach wie vor friedlich, andererseits erinnere ich mich aber auch daran, dass immer mehr unangenehme, nationalistische Töne zu vernehmen waren. »Deutschland einig Vaterland« war zu hören, und gleichzeitig gingen diese Sprechchöre in einem Pfeifkonzert der Gegner dieser Forderung unter. Die Leute waren sehr kreativ, was ihre Forderungen auf Transparenten oder in Sprechchören betraf. »Visa-frei bis Shanghai«, »Egon Krenz – wir sind nicht deine Fans« oder »Stasi in den Tagebau« waren

zu lesen und zu hören. Teilweise waren die Forderungen oder Wünsche aber auch schon fast wieder lustig, weil Dinge skandiert wurden, die unfreiwillig komisch wirkten: »Helmut nimm uns an die Hand – führ uns ins Wirtschaftswunder-Land« oder, auf den damaligen Hoffnungsträger und letzten DDR-Ministerpräsidenten Lothar de Maizière gereimt: »Die richtige Kohle, die muss her – DM – DM – de Maizière«.

Aber der Ton wurde auch schärfer. Ich erinnere mich noch sehr genau an den ersten Republikaner-Flyer, den ich in die Hand gedrückt bekam und auf dem »Arbeit zuerst für Deutsche« stand, und ich erinnere mich daran, wie schockiert ich war, aber auch an die teilweise sehr positiven Reaktionen darauf. Oder ein Sprechchor von einer kleinen Gruppe offensichtlich stark alkoholisierter Männer, den ich mich kaum traue zu wiederholen: »Gysi-Modrow an die Wand – Deutschland einig Vaterland«. Innerhalb von wenigen Wochen nahm das Ganze eine Entwicklung, die dazu führte, dass ich ab November mit sehr gemischten Gefühlen zu den Montagsdemos ging und dann irgendwann gar nicht mehr.

Die Ereignisse hatten sich überschlagen, die Mauer war gefallen, und das Jahr 1990 warf seine Schatten voraus. Die Zeit zwischen DDR und dem wiedervereinigten Deutschland war eine sehr spannende. Alles schien möglich zu sein. An allen Ecken schossen neue, unabhängige Clubs und Cafés wie Pilze aus dem Boden. Es gab keine Autorität, die irgendwas hätte unterbinden können. Die alten, ausgedienten Volkspolizisten waren Witzfiguren geworden, und die neuen gab es noch nicht. Die Straßen waren voll mit Händlern, die Feuerwasser und Glasperlen verkauften – wir haben damals oft diesen Indianervergleich gezogen. Teppichhändler, Gebrauchtwagenhändler – alles Mögliche an Ware wurde irgendwie unter die Leute gebracht. Das funktionierte auch schon vor der Währungsunion im Sommer, weil das alte Ostgeld zu einem schwankenden Kurs schwarz getauscht werden konnte. Schon zwei Jahre vorher hatten wir uns im Intershop in Ost-Berlin gute Gesangs-Mikrofone gekauft, die wir dringend brauchten. Wir haben den achtfachen D-Mark-Preis in Ostgeld dafür auf den Tisch gelegt und waren irre stolz, endlich ordentliche Mikros zu haben. Das letzte Ostgeld haben wir regelrecht auf den Kopf gehauen. Es war nur ein geringer Betrag, den man zur Währungsunion 1:1 umtauschen konnte, weswegen wir die letzten Tage mit unserem Ostgeld nur so um uns geworfen haben.

Im Sommer 1990, nach der Währungsunion, habe ich mir für genau 1000,-- DM einen alten VW Käfer gekauft und bin zusammen mit meinem Bandkollegen und Freund Jens damit nach Ungarn gefahren. Dieses Auto war cool, auch wenn es nach heutigen und sicher auch damaligen Regeln niemals durch den TÜV gekommen wäre, aber das war egal. Beim Bremsen zog er immer ein bisschen nach links, aber er fuhr, und er brachte uns über Prag und Budapest bis zum Balaton und wieder zurück.

Zu DDR-Zeiten war Ungarn für uns immer das Tor in den Westen. Dort konnte man Klamotten kaufen und vor allem Schallplatten. Ganz allgemein war es aber bei Reisen in die Ostblockländer so, dass wir uns immer als Deutsche zweiter Klasse gefühlt hatten, weil wir mit unserem Ostgeld eben nur zu einem Bruchteil die jeweilige Landeswährung bekamen, im Gegensatz zu jemandem, der mit Westgeld gewunken hatte. Das empfanden wir oft als beschämend. Man nahm sich, gerade nach Ungarn, Konserven, Salami und überhaupt Lebensmittel mit, man hatte volle Benzinkanister im Auto, damit man für diese Dinge kein Geld ausgeben musste. Wenn der Kaffee oder der Drink in einer Bar für den Westdeutschen umgerechnet eine Mark kostete, legten wir dafür mindestens das Fünffache hin, und genau das war nach der Währungsunion Schnee von gestern. Dazu kam noch, dass Deutschland 1990

Fußballweltmeister geworden war, und all das führte dazu, dass viele Ostdeutsche, die in diesem Sommer nach Ungarn reisten, eine unangenehme Art von Nationalstolz zur Schau stellten – nach dem Motto: Wir sind wieder wer, wir sind nicht mehr Deutsche zweiter Klasse, wir können uns endlich all das leisten, was wir uns bis jetzt nicht kaufen konnten, und jetzt sind wir auch noch Fußballweltmeister, machen uns unsere schwarz-rot-goldene Fahne ans Auto und hauen mal so richtig auf die Kacke.

Ich will nicht ungerecht sein. Natürlich verstehe ich dieses Gefühl, natürlich kann ich nachvollziehen, dass dieser Glückstaumel viele Menschen halb besoffen gemacht hatte, gerade die Menschen, die sich jahrelang immer beschämt oder eben zweitklassig gefühlt hatten. Mir war das damals schon verdammt unangenehm. Jens und ich haben uns während dieser wunderbaren Reise an den Balaton jedenfalls einen Sport draus gemacht, uns möglichst nicht als Deutsche zu erkennen zu geben. Das hat wunderbar funktioniert. Wenn wir deutsche Touristen trafen, ganz gleich ob es Ost- oder Westdeutsche waren, haben wir uns in einer Fantasiesprache unterhalten und uns als Jugoslawen ausgegeben. Das war sehr lustig, zumal wir das, je mehr wir es praktizierten, stundenlang durchhalten konnten. Verständigt haben wir uns in schlechtem Englisch (mit pseudo-jugoslawischem Akzent) und brachten unseren deutschen Gesprächspartnern sogar einige Jugoslawische Vokabeln bei: What's the meaning of »cheers«? We say: »runtermitdemmischt« – very funny! Wir wollten nicht zu den Fahne schwenkenden, deutschtümelnden

Leuten gehören und wie so oft war eine humorvolle Gegenaktion unsere Art, genau das zu zeigen. Wir haben das nicht böse gemeint, wir fanden es einfach nur lustig, und einige der Betroffenen konnten mit uns zusammen darüber lachen. Andere nicht so sehr. Wenn wir einen ganzen Abend lang in diesem schlechten Englisch miteinander kommuniziert hatten, und dann, am Ende plötzlich in feinstem Sächsisch fragten, ob die anderen denn auch aus dem Osten seien, dann traf das nicht immer das Humorzentrum derer, die wir gerade zwei/drei Stunden lang vorgeführt hatten. Wir haben uns vor Lachen die Bäuche gehalten und fühlten uns frei. Ich weiß noch, dass wir mit vier Mädchen sprachen, von denen eine kein Englisch verstand, was dann dazu führte, dass die drei anderen ihr das, was wir in unserem »Jugo-Englisch« erzählt hatten, zurück ins Deutsche übersetzen. Die vier Ladys aus Thüringen fanden das dann am Ende, als wir uns geoutet hatten, gar nicht lustig – wir schon. Rückblickend amüsiere ich mich immer noch darüber, auch wenn es sicher nicht die feine englische (ha-ha!) Art war.

In den nächsten Wochen und Monaten passierte auch für uns als Band sehr viel. Wir hatten das große Glück, zur richtigen Zeit an der richtigen Stelle die richtigen Leute zu treffen, und ehe wir gucken konnten, waren wir auf einmal Popstars, und die Leute im ganzen wiedervereinigten Land sangen unsere Lieder. Diese ersten Jahre waren wie ein schneller, bunter, schriller und vor allem sehr egozentrischer Rausch. Wir hatten das Gefühl, die ganze Welt dreht sich ausschließlich um uns und unsere Musik – es war fantastisch, wir hatten über

Nacht erreicht, wovon wir jahrelang geträumt hatten – alles war perfekt.

Als aber die Bilder der brennenden Häuser aus Rostock Lichtenhagen die Nachrichten-Sendungen dominierten, habe ich das erste Mal gedacht, dass hier einiges gewaltig schiefläuft. Natürlich hatten wir in Leipzig die Straßenkämpfe zwischen Nazis und Antifa mitbekommen und uns auch in unseren Texten damit beschäftigt – ich weiß noch genau, wie uns in der Hamburger Hafenstraße eine junge Punkerin hinterherrannte und »Danke für Bombe!« gerufen hatte – das fand ich großartig, weil ich dachte: Das kommt bei den Leuten da draußen genauso an, wie wir es meinen. In dem Lied singt Tobias: »Schmierst du an die Wand eine hohle Naziparole, dann möchte ich 'ne Bombe sein und einfach explodier'n ...«. Das war auch die Zeit der ersten großen »Rock gegen Rechts«-Konzerte – wir waren bei »Heute die – morgen du« in Köln dabei oder bei »Gewalt ätzt« in Leipzig, und es war uns wichtig, uns überall dort klar zu positionieren. Aber die Bilder aus Rostock, vor allem die applaudierende Menge, der widerliche Mob, die »Heil Hitler« grüßenden Nazi-Idioten, die Pogrome in Hoyerswerda, Solingen oder Mölln, das hat mich ernsthaft und nachhaltig beunruhigt, und ich musste zurückdenken an die Montagsdemos und an die ersten Anzeichen dieses Wahnsinns, vor dem schon viele gewarnt hatten. Ich hatte die Sorgen damals nicht nah an mich herangelassen, aber nun waren sie bittere Realität geworden. Auch in Leipzig fanden jetzt mit beunruhigender Regelmäßigkeit Nazi-Demos statt. Christian Worch, heute mittlerweile Parteivorsitzender der rechtsradikalen Partei

»Die Rechte« hat Ende der 1990er-Jahre regelmäßig Nazi-Demos angemeldet, die von den zuständigen Behörden auch gestattet worden waren. Darüber kann man lange streiten – die einen sagen: So etwas muss eine Demokratie aushalten, und man sollte sich mit demokratischen Mitteln dagegen wehren, andere verstehen nicht, dass die Justiz es zulässt, Kundgebungen mit klar rassistischen oder antisemitischen Inhalten stattfinden zu lassen. Ich bin ein großer Fan des zivilen Ungehorsams. Und ich denke, wenn die (in diesem Falle wieder mal sächsische) Justiz solche Aufmärsche oder Demonstrationen nicht unterbindet, dann muss man sich eben selbst darum kümmern. Mein oberstes Gebot ist diesbezüglich: Man sollte das auf jeden Fall immer gewaltfrei, also friedlich tun. Das war für mich die prägendste Lehre aus den Oktobertagen der Montagsdemos in meiner Heimatstadt, und daran hat sich bis heute nichts geändert.

Als für den 1. Mai 1998 am Leipziger Völkerschlacht-Denkmal, einem der Wahrzeichen der Stadt, eine Nazi-Kundgebung angemeldet und genehmigt worden war, fanden sich ein paar Leipziger aus der freien Kulturszene, aus der Gastronomie und ein paar Freunde zusammen und schmiedeten einen Plan. Die Idee war, dass wir am Vorabend dieser Nazi-Demo ein Konzert an genau dieser Stelle veranstalten und damit den Platz blockieren. Wir suchten uns Partner bei der Stadt, sprachen potentielle Sponsoren aus der Wirtschaft an, fragten die Gewerkschaften und die Kirchen um Unterstützung und versuchten mit diesem breiten Bündnis dafür zu sorgen, dass der Nazi-Aufmarsch wegen der Sicherheitslage am nächsten Tag nicht stattfinden konnte.

Rückblickend war das ganz schön blauäugig. Wie sollte man innerhalb von ein paar Tagen ein solches Projekt durchziehen können? Die Leute, die wir in Politik und Wirtschaft von dieser Idee überzeugen wollten, hatten doch sicher volle Terminkalender und warteten nicht darauf, dass ein etwas konfuser Haufen von jetzt auf gleich so etwas auf die Beine stellen wollte. Aber manchmal entsteht aus dem »Geht nicht, gibt's nicht« auch eine wunderbare Dynamik. Wir wollten nicht einfach so den Nazis – im wahrsten Sinne des Wortes – das Feld überlassen. Wir wollten zeigen, dass Leipzig eine weltoffene, friedliche Stadt ist, und so sind wir losgezogen, haben bei vielen Unterstützern offene Türen eingerannt und hatten vor allem von der ersten Sekunde an den Oberbürgermeister als Schirmherrn im Boot.

Am Ende des Tages hatten wir gewonnen – die Nazis konnten nicht marschieren. Stattdessen fand ein Musikfestival statt. Es spielten mehrere Bands. Headliner waren Wolfgang Niedeckens BAP, die wir beim »Heute die – morgen du« kennengelernt hatten. Wir mobilisierten über 10.000 Menschen, und die Idee »Leipzig – Courage zeigen« war geboren. Es war ein politisch ausgerichtetes Musikfestival ins Leben gerufen worden, das seit mittlerweile fast 20 Jahren am 30. April stattfindet und zu einer festen Größe in der Leipziger Kulturlandschaft geworden ist. Das Schöne ist, dass alles mit einer kleinen Idee begann, im Laufe der Jahre gewachsen ist, Höhen und Tiefen erlebt hat und heute nach wie vor, oder vielleicht sogar mehr denn je in meiner Lieblingsstadt eine große Rolle spielt.

Am Anfang bestand meine Aufgabe hauptsächlich darin, Bands und Künstler anzufragen, ob sie für gar keine oder eine sehr überschaubare Gage, oder besser »Aufwandsentschädigung«, dabei sein würden. Mittlerweile kümmere ich mich genauso intensiv um Sponsoren, Öffentlichkeitsarbeit und bin Jahr für Jahr als Co-Moderator des Abends am Start. Und das sage ich nicht, weil ich mich dabei so toll finde, sondern deswegen, weil es mir ungeheuren Spaß macht und weil ich darauf, was wir als Team erreicht haben, ein bisschen stolz bin.

Heute sind wir mit »Leipzig – Courage zeigen« auf dem Marktplatz, also wirklich im Herzen der Stadt, oder in der sprichwörtlichen Mitte der Gesellschaft angekommen, und jedes Jahr feiern acht- bis zehntausend Menschen ein Fest, das einerseits gute Musik bietet und andererseits inhaltlich klar für die Werte steht, von denen ich fest überzeugt bin, dass wir sie pflegen müssen: Respekt, Toleranz, ein friedvolles Miteinander, bei dem Rassismus, Rechtsextremismus, Sexismus, Homophobie oder Antisemitismus keine Chance haben. Natürlich ist der Grundgedanke, der ursprüngliche Gedanke, sich gegen Nazis zu wenden, nach wie vor sehr wichtig. Ich halte es aber für konstruktiver, *für* etwas zu stehen und nicht vordergründig *gegen* etwas. Und natürlich weiß ich auch, dass es viele Menschen gibt, die das gar nicht mögen, eben weil sie Haltungen oder Meinungen vertreten, die ich entschieden ablehne. Und wenn diese Menschen damit dann auch mich ablehnen, kann ich das nicht nur nachvollziehen, sondern finde es sogar vollkommen in Ordnung. Denn wenn die mich mögen würden, wäre ich im Umkehrschluss ein Mensch, den ich ablehnen müsste, und das wäre ja völlig dämlich – oder vereinfacht gesagt: Ich find es gut, wenn mich Arschlöcher Scheiße finden, weil das auf Gegenseitigkeit beruht.

Die Geschichte von »Leipzig – Courage zeigen« ist – wie erwähnt – im zwanzigsten Jahr angekommen, und sie geht sicher noch sehr lange weiter. Nicht, weil ich hoffe, dass wir uns noch lange gegen Nazis oder andere Idioten wehren müssen, sondern weil ich weiß, dass wir nie aufhören dürfen, uns um uns und unser Leben zu kümmern. Es gab eine Phase in den Nullerjahren, als mir Freunde oder Bekannte sagten: »Du mit deinem Courage-Festival – das ist doch voll Neunziger – braucht heute kein Mensch mehr, Nazis gibt es doch gar nicht mehr wirklich!« Dann flog plötzlich der »Nationalsozialistische Untergrund« auf, alle haben sich erschrocken, und selbst die Hardliner mussten zugeben, dass sie das Problem Rechtsradikalismus jahrelang unterschätzt hatten. Zwischenzeitlich gab es auch Gegenwind aus konservativen Kreisen der Leipziger Stadtpolitik, und ich musste immer wieder erklären, dass wir kein linksradikales Festival sind, dass wir uns klar gegen Gewalt stellen und für Dinge eintreten, die ein friedliches Miteinander fördern. In einigen Jahren der Anfangszeit von »Leipzig – Courage zeigen« gab es am Rande der Veranstaltung ab und zu eine kleinere Randale von linken Gruppen, was mich immer geärgert hat, denn solche Aktionen diskreditieren das eigentliche Anliegen. Natürlich muss man sich wehren, wenn man angegriffen wird, vor allem dann, wenn die Polizei nicht eingreift, aber von vornherein Randale zu machen, Polizisten anzugreifen, weil die ja sowieso »die Faschisten schützen«, ist immer kontraproduktiv und sorgt für eine Spirale der Gewalt, die niemand wirklich gut finden kann. Gerade in der heutigen Zeit, in der die Angst vor terroristischen Anschlägen in den Köpfen der Menschen ist, sollten wir diese Gewaltspirale nicht künstlich anheizen. Wie gesagt – ich bin froh, dass es eine gut vernetzte Antifa gibt, gerade dann, wenn die Staatsmacht sich in meinen Augen bewusst wegduckt und rechtsextreme Gewalt gegen Ausländer, Behinderte, Schwule oder Muslime zu tolerieren scheint. Das abgedroschene und immer wieder gern zitierte Feindbild Polizei kann ich dennoch nicht nachvollziehen.

Wir spüren doch heute alle, dass unsere Demokratie gar nicht so sicher ist, wie wir immer gedacht hatten. Damit meine ich, dass wir es nicht als selbstverständlich ansehen sollten, in einer Demokratie leben zu dürfen, in der wir viele Freiheiten genießen und eben auch Schutz bzw. eine beruhigende Art von Sicherheit. Vollständige Sicherheit kann es niemals geben, das ist klar. Wenn sich irgendwo ein Terrorist vornimmt, mit einem LKW in eine Menschenmenge zu rasen, dann kann man das auch mit flächendeckender Videoüberwachung oder mit Handy-Ortung nicht verhindern. Klar – ich möchte nicht Innenminister sein und diese Verantwortung tragen, aber ich bin fest davon überzeugt, dass Freiheit unterm Strich ein wichtiges, ein schützenswertes Gut ist, und dass diese Freiheit nicht auf Kosten einer vermeintlichen Sicherheit geopfert werden darf.

Die Welt scheint aus den Fugen geraten zu sein, wenn wir uns umsehen – nicht nur in Syrien, in Afghanistan, im Irak, in der Ukraine oder der Türkei, auch in Berlin, München, Paris, Nizza oder in irgendeinem Regionalzug oder bei irgendeinem Musikfestival ganz in unserer Nähe. Überall kann theoretisch jederzeit eine Bombe hochgehen, überall kann jederzeit irgendein Durchgeknallter anfangen, um sich zu schießen, und selbst der perfekteste Polizei-Überwachungsstaat kann das nicht verhindern. Das einzige, was wir tun können oder was wir tun sollten, ist, uns darum zu kümmern, dass wir uns gegenseitig respektvoll behandeln, dass wir uns gegenseitig keinen Grund geben, einander mit Hass oder Wut zu begegnen, dass wir mehr nach Gemeinsamkeiten suchen, die uns miteinander verbinden, als nach Unterschieden, die uns voneinander trennen. Damit können wir zwar die kleinen und großen Katastrophen auch nicht verhindern, aber wir können vielleicht besser mit ihnen umgehen. Und ich bin mir sicher, dass wir uns besser fühlen, wenn wir aufeinander zugehen.

Ich stelle mir manchmal die Frage, warum ich selber so kritisch oder befremdet auf jedes Anzeichen von Fremdenhass reagiere, während andere davon angezogen werden wie die Motten vom Licht? Lag es an meiner Erziehung? An meinem Eltern, meiner Familie? An meiner Schulzeit, die ich zum großen Teil im Thomanerchor verbracht habe? Klar – als Kind wirst du geformt, die Einflüsse oder Erfahrungen, die du in dieser Zeit machst, prägen dich für den Rest deines Lebens. Eigentlich bin ich weniger der Typ, der vornehmlich zurückblickt, eigentlich versuche ich, im Hier und Jetzt zu leben und denke lieber an morgen als an gestern. Doch wenn ich erst anfange, über die Vergangenheit nachzudenken, dann passieren wunderliche Dinge. Es kommen plötzlich Sachen zum Vorschein, die ich längst vergessen geglaubt hatte. Das kann sehr spannend sein, manchmal auch schmerzhaft, aber im Großen und Ganzen doch aufregend und oft auch überraschend. Warum sind wir so, wie wir sind? Was hat uns geprägt, was hat uns verunsichert oder gestärkt? Ich glaube, dass wir viel über uns selbst erfahren können, wenn wir ein bisschen in unserer Vergangenheit graben, und deshalb fange ich jetzt mal damit an ...

2 »DA RUTSCHTE MIR DAS HERZ IN DIE HERUNTERGELASSENE HOSE«

Ein »futuristisches Gemälde«, ein Strauß Hundeblumen und finstere Geschichten aus dunklen Zeiten
Ich bin nicht gern zur Schule gegangen. Das ist keine pädagogisch besonders wertvolle Aussage, aber es ist die Wahrheit. Meine Eltern haben mir erzählt, dass ich mich als kleiner Junge sehr auf den Schulanfang gefreut hätte. Endlich nicht mehr Kindergartenkind, endlich groß, und vor allem: endlich eine Riesen-Zuckertüte, die ich stolz vor mir hertrug. Aber als ich dann nach der Feier in der Schule wieder nach Hause kam, soll ich ganz enttäuscht gewesen sein: »Die haben gesagt, dass wir morgen wiederkommen sollen!« – das hatte ich mir irgendwie anders vorgestellt.

Als ich dann, zwölf Jahre später, kurz vor dem Abitur, mit ein paar Klassenkameraden auf dem Schulhof stand – eine Lehrerin hatte uns gerade gesagt, dass wir, wenn wir erst mal die Schule verlassen hätten, mit Wehmut an diese Zeit zurückdenken würden – habe ich mir geschworen, dass ich genau das später mal nicht sagen würde. Ganz abgesehen davon, dass ich jede Art von Prüfungssituation nicht mochte (und bis heute nicht mag), habe ich oft im Unterricht gesessen und mich gefragt: Was wollen die hier eigentlich von mir? Ich verstehe kein Wort von dem, was da vorn gesagt wird und (und das war das Schlimmste), wofür werde ich das jemals brauchen, warum soll ich das lernen?

Noch heute träume ich manchmal schlecht von meiner Schulzeit. Ich sitze im Klassenraum, werde irgendwas gefragt und habe keinen blassen Schimmer, worum es geht. Oder noch schlimmer: Ich sitze vor einem Zettel mit Fragen, die ich nicht verstehe, geschweige denn beantworten kann. Ich druckse rum, fühle mich, als wäre ich total verblödet und bin dann erleichtert, irgendwann aus dem bösen Traum aufzuwachen. Nein – wenn ich an meine Schulzeit denke, dann habe ich keine wehmütigen Gefühle, dann bin ich froh, dass ich das irgendwie hinter mich gebracht habe.

Ein besonders guter Schüler war ich nie, eher im Gegenteil. Außer in Musik, Deutsch und Englisch war ich mittelmäßig bis schlecht. Schon immer habe ich sehr viel gelesen und noch mehr Musik gehört, auch englischsprachige Musik, deren Text ich verstehen wollte. Beatles, die Rolling Stones, The Who und vor allem Queen – das waren meine Helden. Dafür habe ich mich interessiert, darüber wollte ich so viel wissen wie irgend möglich. Vergleichbare »Helden« konnte ich in den naturwissenschaftlichen Fächern leider nicht finden, daher war ich weder in Mathe noch Biologie, geschweige denn in Chemie eine besonders große Leuchte, und als wieselflinke Sportskanone konnte ich auch nicht glänzen. Die einzige Möglichkeit, die mir blieb, um auf mich aufmerksam zu machen, war, die Rolle des lustigen Quertreibers einzunehmen. Das konnte ich ganz gut – kleine Scherzchen machen und Lehrer provozieren. Doch dabei, wenn ich es rückblickend mit der Erfahrung von heute betrachte, immer originell und unterhaltsam bleiben. Das hatte ich perfektioniert: aufmüpfig sein, aber mit Stil und ohne beleidigend zu werden. Naja, das eine oder andere Mal, habe ich wohl doch eine Ausnahme gemacht und die Grenzen überschritten. Ich hatte z. B. von der siebenten bis zur zehnten Klasse einen Physik-Lehrer, mit dem mich von Anfang an eine innige gegenseitige Abneigung verband.

Wolfgang, mein Klassenkamerad seit der vierten Klasse und bis heute mein Bandkollege und Freund, malte permanent vor sich hin, also auch im Unterricht. Natürlich auch in der Physik-Stunde. Dummerweise hatte er sich ausgerechnet das folgende Motiv ausgesucht: Demonstranten mit Transparenten, Tumult und Straßenschlacht, Polizei, Panzer und jede Menge Action. Die Stadt-Kulisse schien Leipzig zu sein, der »Uni-Riese«, das heutige MDR-Hochhaus, ein wie ein aufgeschlagenes Buch anmutendes Gebäude, das zum Bild der Stadt gehört, war deutlich zu erkennen. Der Lehrer nahm das Bild an sich, und Wolfgangs Eltern wurden wegen dieses »futuristischen Gemäldes« zu einem klärenden Gespräch in die Schule bestellt, was dann fast dazu führte, dass er von der Schule und somit auch aus dem Chor geschmissen werden sollte. Dieses Bild, gemalt von einem Schüler der achten Klasse, wurde als ein Aufruf zur Konterrevolution interpretiert – darauf muss man erst mal kommen. Es wurde ein Politikum draus gemacht, und Wolfgang hatte nicht gerade die beste Zeit seines Lebens, bis die Wogen sich endlich einigermaßen geglättet hatten. Und das alles, weil der Lehrer das Bild beschlagnahmt hatte und damit zum Schulleiter gegangen war. Ich habe innerlich gekocht. Mein Freund hatte Ärger, weil dieser Lehrer sich aufspielen wollte. Ich steigerte mich ganz schön in die Sache rein. Das Bild konfiszieren, damit zum Chef rennen und einen 14jährigen Schüler politisch in die Pfanne hauen, um sich selbst zu profilieren, das fand ich unanständig und böswillig. Kurzerhand habe ich einen Strauß »Hundeblumen« gepflückt, bin auf dem Schulhof zu ihm gegangen und habe ihm zum Dank für seine staatsdienliche Tat vor den Augen der Mitschüler den Strauß dieser nicht besonders hübschen gelben Blumen überreicht. Das zynisch-pubertäre Lächeln und den lieben Gruß an seine Frau hätte ich mir vielleicht schenken sollen. Aber er hatte meinem Freund geschadet, und ich konnte sein Verhalten und daher auch ihn persönlich nicht leiden, und das wollte ich ihm auf meine Art zeigen. Ich fand das damals (und eigentlich sogar noch heute) eine ziemlich gelungene Aktion. Er eher nicht. Das Ganze endete dann damit, dass ich einen offiziellen Tadel bekam, der sich negativ auf meine Jahresabschluss-Beurteilung und natürlich auf die Note in »Betragen« auswirkte. Das hat mir am Ende nicht wirklich geschadet, und ich freue mich bis heute, ihm das Büschel Löwenzahn in die Hand gedrückt zu haben.

Das war in meinen jugendlichen Jahren meine persönliche Form des Protestes. Es mag aus heutiger Sicht lächerlich, klein und belanglos erscheinen, aber für mich war das eine wichtige Form des Auflehnens gegen die Autorität. Meine Eltern fanden das zuerst nicht so toll, weil sie befürchteten, dass ich mir damit selbst schaden würde, aber als ich Ihnen erzählte, warum ich das gemacht hatte, lobten sie mich sogar. Auch sie fanden es gut, weil ich für einen Freund eingestanden war, ohne an Konsequenzen für mich selbst zu denken. Ob das nun was mit Courage oder Haltung zu tun hatte, weiß ich nicht, ich fühlte mich auf jeden Fall gut dabei, etwas nicht einfach hinzunehmen, sondern mich klar zu positionieren.

Auch mein Deutschlehrer bekam ein Problem mit mir, weil ich mal wieder ausprobieren wollte, wie weit ich gehen konnte. Wir sollten in der elften Klasse ein selbst gewähltes Buch besprechen, am besten unser Lieblingsbuch, und ich hatte eine in meinen Augen großartige Idee: »Es geht seinen Gang«, ein Roman von Erich Loest, dem Leipziger Schriftsteller. Das wollte ich besprechen. Der Haken war nur, dass dieses Buch in der DDR auf dem Index stand, weil es sich sehr kritisch mit den politischen und gesellschaftlichen Verhältnissen auseinandersetzte. Natürlich wusste ich das ganz genau und hatte mich genau aus diesem Grund dafür entschieden. Wenn ich jetzt daran denke, würde ich es nicht unbedingt als einen aufrührerischen Roman bezeichnen, aber damals war der Text einfach berühmt-berüchtigt. Er war in einer sehr kleinen Auflage erschienen und wurde dann in entsprechenden Kreisen von Hand zu Hand weitergegeben. Meine Eltern hatten ein Exemplar ergattert, und alle in der Familie Krumbiegel hatten es gelesen. Ich weiß noch, dass meine Eltern sich angewöhnt hatten, umstrittene Bücher mit einer Art Schutzumschlag im doppelten Sinne in Zeitungspapier einzuschlagen. So konnte niemand sehen, was man da las, wenn man es in der Straßenbahn, im Park, im Urlaub am Strand auf der Insel Hiddensee oder irgendwo anders in der Öffentlichkeit in den Händen hielt. Das war natürlich auch eine Art Code, und manchmal, wenn jemand ein in Zeitungspapier eingeschlagenes Buch las, wurden wissend-verschwörerische Blicke ausgetauscht. Mit genau so einem Buch kam ich in die Schule und schlug es als Unterrichtsstoff vor. Natürlich eine Provokation, und natürlich wurde es mir dann untersagt. »Trivialliteratur«, sagte mein Deutschlehrer und bat mich, mir etwas anderes auszusuchen.

Später, viele Jahre nach dem Mauerfall, traf ich Erich Loest bei einer seiner Lesungen in Leipzig. Ich erzählte ihm, wie ich damals als 17-Jähriger mit seinem verbotenen Roman in die Klasse gegangen war und ließ mir genau dieses Exemplar von ihm signieren. Ich glaube, er hat sich gefreut, auch wenn er sicher schon viele ähnliche Geschichten gehört hatte. Aber es ist doch bestimmt ein gutes Gefühl, wenn man merkt, dass man mit dem, was man geschaffen hat, Wellen geschlagen hat, dass man vielleicht sogar dabei mitgeholfen hat, dass sich ein junger Kerl ermutigt gefühlt hat, gegen die Strömung zu schwimmen und anders zu sein, als es der Mainstream von ihm erwartet.

Als wir sehr viel später mit der Band von heute auf morgen in aller Munde waren, wurde uns oft gesagt: Ihr seid jetzt nicht nur Popstars, ihr seid jetzt auch Vorbilder. Viele, vor allem junge Leute identifizieren sich mit euch, also denkt da immer dran und benehmt euch dementsprechend. Das fand ich doof, diese Art Verantwortung wollte ich nicht haben, und Vorbild wollte und will ich auch nicht sein. Ich will keinem vorschreiben, was er zu denken oder zu tun hat, ich will nur für mich selbst das sein und tun, was ich für richtig halte. Moralisieren fand ich immer eher kontraproduktiv. Bei mir haben solche Ansprachen eigentlich immer das genaue Gegenteil erreicht, und ich glaube, dass das vielen, gerade jungen Menschen oft genauso geht. Natürlich ist es ein gutes Gefühl, wenn du positive Rückmeldungen bekommst, weil du dich an irgendeiner Stelle klar positioniert hast, und natürlich gefalle ich mir manchmal auch in der Rolle, meine Meinung zu sagen und damit gegen die Strömung zu schwimmen, aber das mache ich – wie gesagt – nicht, weil ich ein Vorbild sein will, sondern weil ich selbst diese Meinung für richtig halte und vertrete. Meistens ist es ja auch so, dass zwar viele deine Meinung teilen, dass es aber genauso viele gibt, die sie völlig falsch oder bescheuert finden. Damit kann ich ganz gut leben, solange ich mich nicht verbiege, solange ich im Spiegel jemanden sehe, den ich verstehe und den ich gut leiden kann.

Gegenwind ist nie angenehm, aber manchmal genieße ich ihn sogar, vor allem, wenn ich fest davon überzeugt bin, auf der richtigen Seite zu stehen. Ob ich damit dann unterm Strich etwas erreiche oder nicht, das steht auf einem anderen Blatt, aber ich finde es richtig und wichtig, eine klare Haltung zu haben, sie zwar auch immer wieder zu hinterfragen, aber, wenn es hart auf hart kommt, eben nicht davon abzurücken, auch wenn das anderen nicht passt. »Courage zeigen« – das klingt so groß und so salbungsvoll. Manchmal denke ich, dass es doch eigentlich eine Selbstverständlichkeit sein sollte, sich auf die Seite derer zu schlagen, die sich nicht wehren können, die keine Lobby haben.

Es zeugt umgekehrt nicht gerade von Charakter, sich auf Kosten anderer, vor allem der Schwächeren zu profilieren, aber sicher haben wir alle das schon mal irgendwann gemacht, und sei es auch nur aus Unsicherheit. Wichtig ist, glaube ich, dass man sich solcher Situationen bewusst ist, dass man in der Lage ist zu erkennen, wenn man unfair wird. Die alte Weisheit, niemandem etwas anzutun, was man nicht selbst erleben möchte, kann jedes Kind verstehen, und ich bin fest davon überzeugt, dass das ein guter Leitfaden ist. Wie gesagt – wenn ich einen schlechten Tag habe, wenn ich, aus welchen Gründen auch immer, wütend, traurig oder frustriert bin, dann kann es ganz sicher passieren, dass ich andere nicht so behandle, wie ich selbst gern behandelt werden möchte. Keiner kann über seinen Schatten springen, und gerade in Extremsituationen sind wir alle nicht in der Lage, fair und locker zu bleiben. Aber wenn wir das wissen und darüber nachdenken, dann haben wir schon viel geschafft.

Warum hat mein Physiklehrer bei Wolfgang damals so reagiert? Er hätte es nicht tun müssen, er hätte entweder ganz darüber hinwegsehen können oder mindestens hätte er das »Gemälde« ohne großes Aufhebens verschwinden lassen können. Oder umgekehrt: Mein Deutschlehrer hätte meine kleine Provokation auch an die große Glocke hängen und sich damit bei der Obrigkeit, der Schulleitung profilieren können – hat er aber nicht gemacht. Es gibt scheinbar immer mehrere

Möglichkeiten, und am Ende kann jeder selbst für sich entscheiden, in welche Richtung er in der jeweiligen Situation gehen möchte.

Meinen Deutschlehrer habe ich übrigens leider nie wiedergesehen. Es wäre interessant zu erfahren, wie er die Sache mit dem Index-Roman heute beurteilen würde. Im Nachhinein muss ich sagen, dass er wohl damals als Lehrer keine andere Möglichkeit hatte, als mich in die Schranken zu weisen und so die Situation diplomatisch zu lösen. Wenn er das hätte durchgehen lassen, dann wäre es ihm, spätestens, wenn ich stolz davon berichtet hätte, selbst zum Verhängnis geworden.

Sicher war es für Lehrer in der DDR allgemein oft nicht leicht, sich politisch gegen das System zu positionieren, und sicher mussten sie manchmal abwägen, wie sie auf Provokationen von Schülern reagieren sollten, aber es gab eben solche und solche. Einige haben es geschafft, cool zu bleiben, sich nicht aus der Reserve locken lassen, und andere haben sich eben auf Kosten ihrer Schüler als politisch besonders linientreue Hardliner profiliert, um vor der Obrigkeit oder dem »System« besser dazustehen. Für diese Unterschiede hatten wir damals sehr sensible Antennen, und genau diese Grenzen testeten wir sehr bewusst aus.

Die meisten Lehrer mochte ich ja, so auch meinen späteren Physik-Lehrer, den ich in der Abiturstufe hatte. Er war für mich das krasse Gegenteil seines Vorgängers, den ich mit den Hundeblumen beschenkt hatte. Wir mochten uns von Anfang an auf eine sehr besondere

Weise. Wir hatten einen ähnlichen Humor. Bei einem Schul-Sportfest betreute er als Lehrer die Disziplin Weitsprung. Als ich dran war und versuchte, meinen nicht gerade gazellengleichen Körper einigermaßen weit durch die Luft zu katapultieren, sagte er: »Sebastian, es ist doch eigentlich ganz einfach: Du weißt doch – Kraft ist gleich Masse mal Beschleunigung – du musst einfach ein bisschen mehr beschleunigen!«. Das traf mein Humor-Zentrum, und das war unsere Ebene. Nicht, dass ich die physikalische Formel »Kraft ist gleich Masse mal Beschleunigung« wirklich bis ins kleinste Detail verstanden hatte, aber wir konnten zumindest gemeinsam darüber lachen. Er war gleichzeitig einer von den Erziehern im Thomanerchor, und ich glaube, er hatte von Anfang an erkannt, dass aus mir niemals ein bedeutender Physiker werden würde. Viele naturwissenschaftliche Zusammenhänge durchschaute ich einfach nicht. Da bin ich mir seit meiner Schulzeit bis heute treu geblieben. Als Lösung dieses Problems fing ich an, vor Prüfungen oder Klassenarbeiten den Stoff auswendig zu lernen.

Dann war da noch meine Mathe-Lehrerin. Ganz abgesehen davon, dass sie mich ähnlich einschätzte wie mein Lieblings-Physik-Lehrer, ermutigte und lobte sie mich, wenn ich ausnahmsweise mal was verstanden hatte. Nach der schriftlichen Matheprüfung der zehnten Klasse, die ich ganz gut gemeistert hatte, kam sie zu mir und beglückwünschte mich zu meinem logischen Denkvermögen, weil ich bei einer Dreiecksberechnung die Lösung über mehrere Umwege gefunden hatte. So was stärkte natürlich mein Selbstbewusstsein, und das tat mir, der ich auch in Mathematik nicht gerade der Ober-Crack war, sehr gut.

Außerdem war sie eine Frau mit Haltung, was mir imponierte. Es war kurz nach meinem Physiklehrer-Tadel, der an der Schule in aller Munde war. Sie hatte Pausenaufsicht, und alle Schüler strömten nach der Hof-Pause wieder in die Schule – ein Riesenpulk, der unter großem Gedränge durch die Tür musste, an der sie stand. Ich produzierte mich mal wieder als Entertainer und äffte beim Reingehen unseren Schulleiter nach.

Er hatte eine sehr auffällige, hohe Stimme, die immer ein wenig an die von Erich Honecker erinnerte. Genau in diesem Tonfall redete ich unüberhörbar, und jeder wusste, wer oder was gemeint war, auch meine Mathe-Lehrerin. Unsere Blicke trafen sich, ich erschrak und dachte: Scheiße, das gibt wieder Ärger. Doch sie sah in diesem Moment absichtlich und sehr bewusst weg – sie hatte also nichts gesehen und gehört, und das fand ich sehr erleichternd. Sie hätte mich auch beim Chef anschwärzen können – hat sie aber nicht getan. Aber anscheinend konnte sie den Schulleiter genau so wenig leiden wie ich, was ich extrem gut nachvollziehen konnte.

Jener Leiter der Leipziger Thomasschule war nämlich mein »ganz spezieller Freund«, oder eben eher ich seiner. Es war von Anfang an eine offen ausgelebte Antipathie. Er unterrichtete Staatsbürgerkunde, ein von uns allen gehasstes Fach – wir nannten es abschätzig »Rotlicht-Bestrahlung«. Gleich am Anfang, in der ersten Stunde des Schuljahres, hatte ich versucht, mich in die letzte Reihe zu setzen, aber er platzierte mich ganz vorn, genau vor seinem Lehrertisch.«Sebastian, du sitzt hier vorne, damit ich dich immer gut im Blick habe« – er war starker Raucher und roch entsprechend, was ich damals eklig fand. Er war rundherum alles andere als ein sympathischer Zeitgenosse. Dazu kam natürlich noch das Fach, das fast ausschließlich aus der Analyse der Werke von Marx, Engels und Lenin bestand. Wir sollten zu allseits gebildeten und vor allem zu »gefestigten sozialistischen Persönlichkeiten« erzogen werden. Der Kommunismus war das Maß aller Dinge, der Kapitalismus faulte und stank vor sich hin. Diese ideologische Gehirnwäsche lehnten wir mehr oder weniger reflexhaft ab, was die Lehrer natürlich wussten. Eine Konstellation, die ihnen das Vermitteln des Stoffes nicht unbedingt erleichterte.

Unser Schulleiter und Staatsbürgerkunde-Lehrer wohnte in einem Mietshaus in der Kolonadenstraße. Mehrmals die Woche gingen wir dort vorbei, weil der Weg vom Internat zur Thomaskirche, in der wir mindestens zweimal wöchentlich sangen, daran vorbeiführte. Irgendwann hatte ich die Idee, meiner Verachtung für ihn dadurch Ausdruck zu verleihen, indem ich an seine Haustür pinkelte. Gesagt, getan – ich kam mir ganz schön heldenhaft und subversiv vor. Als ich gerade beim Ausführen dieser Idee vor seiner Haustür stand und darauf achtete, dem sich bildenden Rinnsal auszuweichen, hielt ein Trabant an. Drin saßen der Schulleiter der Thomasschule und sein Stellvertreter. In diesem Moment rutschte mir das Herz in die heruntergelassene Hose. »Sebastian – wo hast du deinen Anstand gelassen?« – das war der Satz, den ich im typischen Erich-Honecker-Sound im Halbdunkel hörte. Ich stammelte irgendwas davon, dass ich wirklich ganz dringend musste und dass es garantiert Zufall war, dass das ausgerechnet hier passierte. So richtig abgenommen hat er mir das wohl nicht, denn danach hat sich unser sowieso schon angespanntes Verhältnis in eine offene Feindschaft verwandelt. Andererseits machte diese Sache schnell die Runde, und ich konnte stolz darüber berichten, was dann fast schon wieder eine Heldengeschichte war: »Krumbiegel hat an die Tür des Schuldirektors gepinkelt« – dafür zollten mir nicht wenige, die ihn genau so verachteten, Respekt. Ob ich das heute wieder so machen würde, weiß ich nicht, aber dieser Mann hatte es irgendwie verdient, dass ich ihm meine Abneigung offen zeigte. Andererseits hätte es ein Strauß Hundeblumen sicher auch getan.

Es ist schon komisch, an welche Minuten seines Lebens man sich so detailgetreu erinnern kann. Als Fünfzigjähriger habe ich schon über 26 Millionen Minuten auf dem Buckel, aber diese Situation – es waren vielleicht drei Minuten – ist mir lebhaft in Erinnerung geblieben. Klar war das aufregend, ich habe was »angestellt« und bin dabei erwischt worden und habe dieses Gefühl des Ertapptwerdens nicht so oft gehabt, aber genau dieses Gefühl ist in diesem Augenblick so stark, dass es sich tief ins Gedächtnis eingräbt: eine körperliche Reaktion – trockener Mund, das Blut schießt dir in den Kopf, und du wünschst dir in diesem Moment, du könntest irgendwas rückgängig machen oder dich einfach in Luft auflösen, was natürlich unmöglich ist.

Ich hatte das noch einmal später – während meiner Armeezeit. Wir waren mit gefälschten Urlaubsscheinen draußen, waren in einer Kaufhalle (heute sagt man Supermarkt), und ich habe mir eine Flasche Weinbrand unter den weiten Armeemantel gesteckt. Als ich an der Kasse vorbei nach draußen wollte, hörte ich, wie hinter mir die Kassiererin rief: »Na – was hat denn der junge Mann da unter seinem Mantel?!« – das kam einem Dolchstoß gleich. Erstmal natürlich, weil ich beim Klauen erwischt worden war, aber viel schlimmer war, dass ich mit einem selbst unterschriebenen Urlaubsschein unterwegs war. Wenn das rausgekommen wäre, hätte ich so richtig Ärger bekommen und wäre im Armee-Knast gelandet, der alles andere als ein Ferienlager war. Das malte ich mir aus und redete mit Engelszungen auf den Chef der Filiale ein, dass ich sowas garantiert nicht noch mal machen würde, dass er aber bitte, bitte nicht die Kaserne informieren solle, weil dadurch für mich eine Welt zusammenbrechen würde. Ich hatte Glück, der Mann verstand mich und ließ mich gegen den dreifachen Preis der Flasche gehen. Das war eine Lektion, die gesessen hatte. Das Erwischtwerden vor dem Haus des verhassten Schulleiters war zwar auch kein Spaß, aber gegen diesen Vorfall war das doch fast harmlos.

Aber ich legte mich nicht mit jeder Autorität an. Der Direktor, also der Geschäftsführer des Thomanerchores zum Beispiel, war eine Respektsperson, ein Mann, dem ich mit einer Mischung aus ängstlicher Zurückhaltung und Hochachtung begegnete. Jeder Sänger des Chores betrachtete ihn so oder ähnlich. Manchmal lag eine der für ihn so typischen Karteikarten mit einer kurzen Anweisung auf meinem Platz: »Sofort bei mir melden!« – das hatte meist nichts Gutes zu bedeuten. Ich zermarterte mir das Hirn, was ich angestellt oder was er denn nun schon wieder rausbekommen hatte.

Dieser Mann, Jahrgang 1923, ist 92 Jahre alt geworden, und ich habe mich vor seinem Tode noch mehrmals mit ihm getroffen. Das hatte ich mit einigen meiner alten Lehrer auch getan, und immer waren das wunderbare, fruchtbare Gespräche. Als der Direktor und ich uns also Jahrzehnte nach meinem Schulabschluss trafen, forderte er mich auf, ihn zu duzen. Das war anfangs für mich ein Ding der Unmöglichkeit. Ich konnte doch den ehemaligen Direktor des Thomanerchores nicht duzen – da war eine Barriere, die ich nur mit viel Mühe überwinden konnte. Irgendwann ging es mir leichter über die Lippen, und wir redeten dann wirklich wie zwei alte Freunde. Natürlich ging es sehr viel um meine Zeit im Thomanerchor, und es war teilweise lustig, wie unterschiedlich wir dieselben Situationen wahrgenommen hatten.

Irgendwann fragte ich ihn dann: »Was hast du eigentlich vor dieser Zeit gemacht, was hast du im Krieg erlebt, in der Nazizeit?« Er reagierte fast unwirsch, darüber rede er nicht. Bei einem späteren Treffen, zusammen mit meinem alten Lieblings-Physik-Lehrer und meinem Bruder, fing er dann von sich aus an: »Ich war 19 und einer von denen, die das Warschauer Ghetto zusammengeschossen haben.« – das saß. Er erzählte von seinem Posten an einem der Ein- und Ausgänge. »Wir hatten Befehl, auf alles zu schießen, was sich bewegte. Eines Tages kam eine junge Frau mit einem Korb in der Hand, und ich fragte meinen Leutnant: Soll ich jetzt schießen? Nein – natürlich nicht, das ist eine unbewaffnete Frau. Dem war aber nicht so. Sie kam auf uns zu, und plötzlich flog alles um uns herum in die Luft. Sie muss in ihrem Korb eine Handgranate oder einen anderen Sprengsatz gehabt haben, und zwei meiner Kumpels sind dabei draufgegangen. Nach diesem Erlebnis schossen wir auf alles, was sich bewegt hat – auf jede Frau und auf jedes Kind.«

Ich hatte das Gefühl, dass er sich diese Geschichte regelrecht von der Seele geredet hatte. So viele Soldaten, die im Krieg waren, haben nie darüber gesprochen, haben diese alten Geschichten verdrängt, und ich frage mich immer wieder: Was hätte ich damals gemacht? Hätte ich genauso mitgemacht? Wäre ich vielleicht sogar begeistert gewesen von Führer, Volk und Vaterland, wie so viele, die viel zu spät gemerkt hatten, oder die es viel zu spät wahrhaben wollten, was da eigentlich um sie herum passierte? Auf jeden Fall wäre es sehr anmaßend, zu sagen oder zu denken: Ich wäre damals natürlich im Widerstand gewesen. Das kann man nicht sagen, weil man es nicht weiß. Es ist aber, so glaube ich, wichtig, dass wir solche Geschichten erfahren, damit wir uns heute eine klare Haltung erarbeiten können, wenn wir über Nazis nachdenken. Damals, und darüber kann ich nur mutmaßen, war es vielleicht wirklich nicht leicht, sich der Propaganda und der allgemeinen Euphorie zu entziehen. Gerade, wenn man in einem Haushalt lebte, in dem täglich der Volksempfänger neben dem Führerbild die Reden und Lieder der Nazis dudelte, wenn der Vater begeistert von den

Errungenschaften der nationalsozialistischen Bewegung schwärmte. Der große Unterschied zur heutigen Zeit ist allerdings, dass wir heute genau wissen, wohin das alles geführt hat. Wenn heute wieder Nazis durch die Straßen ziehen, dann kann ich darin nichts, aber auch gar nichts sehen, was ich in irgendeiner Weise nachvollziehen kann. Ich kann mir zwar vorstellen, dass viele, vor allem jüngere Leute heute genervt sind, immer wieder mit diesem Thema konfrontiert zu werden, aber ich kann nicht verstehen, geschweige denn akzeptieren, dass heute wieder mit der Reichskriegsflagge gewedelt wird.

Mit dem Berliner Verein »Gesicht zeigen« bin ich seit ein paar Jahren unterwegs an Schulen. Wir versuchen, gerade die junge Generation zu sensibilisieren, sich mit dem Thema zu beschäftigen. »Störungsmelder – wir reden über Nazis« – so heißt diese Aktion, und fast jedes Mal werden wir mit den gleichen Fragen konfrontiert: Was kann ich denn dafür, was vor 80 oder 90 Jahren passiert ist? Warum muss ich mich dafür rechtfertigen, was meine Großeltern oder Urgroßeltern damals gemacht haben? Unsere Antwort lautet immer wieder: Nein, du musst dich nicht dafür rechtfertigen, und du kannst natürlich auch nichts dafür, aber es ist wichtig, dass du weißt, was damals passiert ist, denn nur dann kannst du dafür sorgen, dass so etwas nie wieder passiert. Wir müssen versuchen, die nachfolgenden Generationen dafür zu sensibilisieren.

Meine Großmutter Philine hat mir folgende Geschichte erzählt: Als sie am 9. November 1938, dem Tag der so genannten »Kristallnacht«, mit der Straßenbahn am Leipziger Zoo vorbeifuhr, sah sie, zusammen mit vielen anderen Fahrgästen, wie eine Menschenmenge in das Flussbett der Parthe, einem kleinen Bach links neben dem Haupteingang, getrieben wurde. Die Leute in der Straßenbahn drehten sich weg – das wollten sie nicht sehen, und meine Omi war eine von ihnen. Sie hat sich das nie verziehen, hat sich dafür geschämt, und genau das hat bei mir etwas ausgelöst.

Dass damals viele Menschen weggesehen haben, vielleicht auch aus Angst, das kann ich mir noch vorstellen, aber heute, und davon bin ich absolut überzeugt, macht man sich schuldig, wenn man wegsieht. Meine Omi Philine sagte zu mir: »Junge, das vergesse ich nicht, und ich ärgere mich über mich selbst, dass ich damals zu feige war, etwas dagegen zu unternehmen.« Sie war 19 – genau so alt wie mein ehemaliger Chordirektor, damals in Warschau – und vielleicht ist dieses junge Alter auch ein Grund dafür, warum sie, genau wie er, nicht anders reagiert hat, sich nicht aufgelehnt hat. Andererseits kann und will ich auch niemandem Vorwürfe machen, der in der Nazizeit älter, also reifer oder gefestigter und trotzdem Fan des Führers war. Meine andere Großmutter, Jahrgang 1906, erzählte mir einmal, dass sie damals extra aus der Kleinstadt, in der die Familie Krumbiegel im sächsischen Vogtland lebte, nach Plauen gefahren war, um den Führer zu sehen und wie begeistert sie war. Nein, meine Großeltern waren weiß Gott keine Nazis, aber sie waren eben auch keine Widerstandskämpfer.

Meine Omi Philine hat mir viel erzählt. Von ihr habe ich viel über die dunklen Jahre der deutschen Geschichte erfahren. Dass sie mir das alles so ungeschönt berichtet hat, also auch ihre Selbstzweifel und ihre Irrtümer uneitel offengelegt hat, das hat mir sehr geholfen. Diese Großmutter war für mich in verschiedener Hinsicht eine wichtige Frau, und wenn wir heute »Leipzig – Courage zeigen« veranstalten, dann denke ich oft an sie und weiß, dass sie sich für ihren Enkel nicht schämen würde.

3 »WIE AUS EINEM PERFEKTEN TAG EIN ALBTRAUM WURDE«

Baseball-Schläger, Springerstiefel, eine Gerichtsverhandlung und ein Wiedersehen im Knast
In der Christuskirche in Leipzig Eutritzsch steht der Taufstein, an dem alle drei Krumbiegel-Geschwister getauft wurden. Irgendwann kam die Idee auf, dass wir dort alle zusammen Musik machen könnten. Sozusagen jeder mit seiner Band. Mein Bruder mit seinem Chor, in dem meine Eltern waren, meine Schwester sang wunderbare Alt-Arien und meine Lieblingsband, mit der ich seit einem Vierteljahrhundert Musik mache, sang a capella. Es war ein herrlicher Sommertag und die Musik in der Kirche hatte etwas Erhabenes. Alles war perfekt, und ich dachte, dass es Zeit wird, eine solche Aktion zu machen und dass es eigentlich komisch ist, dass wir nicht viel früher auf diese Idee gekommen waren. Musik ist definitiv das verbindende Element in unserer Familie, auch wenn wir Kinder in unterschiedliche Richtungen gegangen waren. Wir verlebten als Familie mit unseren Freunden und Bekannten wunderbare Stunden an einem Ort, der uns alle auf eine sehr persönliche Weise verband. Am frühen Abend war alles vorbei, wir freuten uns über den gelungenen Tag, und jeder ging glücklich seiner Wege.

Ali, unser Schlagzeuger, wohnte in der Nähe, also um die Ecke meines Elternhauses am Arthur-Brettschneider-Park. Ich war am Abend bei ihm zu Hause, und zusammen wollten wir dann einen Freund besuchen, der auf der anderen Seite des Parks wohnte. Die Harald-Schmidt-Show war damals für uns Kult, die wollten wir uns zusammen im Fernsehen anschauen. Es war ein lauer Sommerabend, wir gingen los, Coppistraße Ecke Kleiststraße, der kürzeste Weg geht quer durch den Park, in dem ich in meiner frühen Kindheit unzählige Stunden verbracht hatte und den ich in und auswendig kenne – den Teich in der Mitte, die Wege, die alten Weiden und meinen Rutschelefanten. Eigentlich will ich das jetzt gar nicht so dramatisch sagen, aber dieser Abend, diese Nacht hat bei mir so einiges durcheinandergewirbelt ...

Als wir den Park betraten, kam plötzlich ein junger Skin schreiend aus der Dunkelheit auf uns zugerannt und schwang einen Knüppel. Dann blieb er kurz vor uns stehen und sagte: »War nur'n Spaß.« Ich: »Mensch, weißt du, was du uns gerade für einen Schrecken eingejagt hast?!« In diesem Moment kam ein anderer Typ aus dem Gebüsch gesprungen und sprühte uns irgendwelches CS-Gas oder Pfefferspray ins Gesicht. Wenn du dieses Zeug frontal ins Gesicht, in die Augen und die Nase bekommst, dann bist du erstmal kurz ausgeknipst. Wir waren total geschockt, aber haben intuitiv beide versucht wegzurennen, so gut wir konnten. Ali in den Park rein und ich aus dem Park raus, in Richtung Licht. Ali rannte zwar, wie er danach erzählte, orientierungslos gegen einen Baum, fiel mehrmals hin und durchbrach irgendwelche Sträucher oder eine Hecke, aber er entkam – gazellengleich – mich hatten sie leider an der Straßenecke eingeholt. Es war übrigens ganz und gar nicht so, dass Ali mich in irgendeiner Weise im Stich gelassen oder mich den beiden überlassen hatte. Wir rannten einfach nur los, panisch, irgendwo hin, einfach weg – an etwas anderes denkst du in so einer Situation nicht. Er hatte mehr Glück als ich …

Der mit dem Knüppel hatte ein Hakenkreuz-Tattoo auf dem Arm, und der ältere sah sowieso ziemlich gruselig aus. Wenn du am Boden liegst und zwei Typen mit Knüppel und Springerstiefeln treten und schlagen auf dich ein, dann versuchst du nur noch, dich irgendwie zu schützen. Arme vors Gesicht und irgendwie zusammenrollen. Ich weiß noch, dass ich gedacht habe: Scheiße, das könnte es jetzt auch gewesen sein – die knipsen dich aus – an viel mehr erinnere ich mich nicht.

Das erste, was ich wieder weiß, ist, dass sich ein Typ zu mir runterbeugte und fragte, ob alles okay ist. Ich dachte zuerst, der gehört zu denen und hatte Angst vor ihm und weiteren Tritten und Schlägen. Als ich dann merkte, dass dem nicht so war, fiel mir ein Riesenstein vom Herzen.

Steffen hieß der junge Mann, der mit seinem Auto die Coppistraße runtergefahren war, gesehen hatte, dass da an der Ecke zwei Nazi-Typen auf einen am Boden liegenden Menschen eintraten. Vollbremsung – Wenden – Fernlicht – Hupen. Er hat es mir danach erzählt. Die beiden Nazi-Skins ließen dann von mir ab und suchten das Weite. Ja – Glück gehabt, dass Steffen den Mut hatte einzuschreiten und nicht einfach weitergefahren ist, das denk ich oft.

Er brachte mich in sein Auto, und wir fuhren um die Ecke, dorthin, wo ich ursprünglich mit Ali zusammen hinwollte. Irgendwann war er dann weg – er wollte keinen Trubel an diesem Abend und fragte uns, ob es okay sei, wenn er abhaute. Wir hatten Telefonnummern getauscht und trafen uns später noch einmal.

Ich bin ihm noch heute sehr dankbar, dass er sich damals so couragiert verhalten hat. Und als er mir dann später erzählte, dass er als Soldat im Kosovo war und auch wieder hin wollte, ertappte ich mich dabei, wie ich meine Vorurteile gegen diese Leute hinterfragen musste. Ich habe nie verstanden, wie man freiwillig zur Armee gehen kann und dann auch noch zu Kampfeinsätzen. Fakt ist, dass dieser Mann an diesem Abend dafür gesorgt hat, dass mir nicht mehr passiert ist. Wer weiß, wann oder ob die beiden Brutalos irgendwann aufgehört hätten, auf mich einzuschlagen. Natürlich ist es müßig, darüber nachzudenken, aber es ist auf jeden Fall nicht falsch, einen Gedanken daran zu verschwenden, warum dieser mutige junge Mann angehalten und sich eingemischt hat. Er hätte ja auch selber zu Schaden kommen können! Ist er dazwischengegangen, weil er einfach »nur« ein klarer Typ mit einer klaren Haltung ist, für den so was selbstverständlich ist? Und wenn ja – warum ist das für ihn selbstverständlich? Vielleicht gerade weil er Soldat ist? Weil er solche Situationen erkennt und dann automatisch handelt?

Ich betrachte jetzt auf jeden Fall Soldaten anders als vor diesem Erlebnis. Ich selbst bin zwar nach wie vor der festen Überzeugung, dass dieser Beruf nichts für mich wäre, dass ich einfach nicht dafür gemacht bin, aber ich denke, dass es solche Menschen geben muss, ja, dass es sicherlich sogar überlebenswichtig ist, dass es solche Menschen gibt.

Aber zurück zu jenem denkwürdigen Abend: Der Freund, bei dem wir uns treffen wollten, war nicht da, aber Ali wartete vor der Tür, und wir waren froh, uns wieder zu haben. Wir wussten nicht so recht wohin. Wir klingelten irgendwo im Haus – zuerst öffnete ein völlig verschreckter Asiate, der uns nicht verstand, dem wir aber irgendwie nicht ganz geheuer vorkamen. Ali hatte außer dem Reizgas und ein paar Kratzern aus dem Park nichts abbekommen. Ich muss allerdings schon ziemlich derangiert ausgesehen haben. Ich merkte nur, dass am Kopf überall Blut war. Irgendwann machte jemand anderes auf und ließ uns netterweise ins Bad. Das Wichtigste war Augen auswaschen und Mund und Nase ausspülen. Als ich mich dann im Spiegel sah, musste ich wirklich erst mal laut lachen, denn da sah ich einen original zermatschten Typen im Spiegel. Die Klamotten, meine Hände, mein Gesicht, alles war voller Blut – es sah aus wie im Film. Es sah auch viel schlimmer aus, als es tatsächlich war, und ich stand da und lachte voller Hysterie. Ich weiß noch, dass ich das ganze Bild so grotesk fand. Dieses herrliche helle Bad mit Marmor und Chrom und weißen Handtüchern. Ich gab mir zwar Mühe, aber nachdem ich mich einigermaßen gewaschen hatte, war alles ganz schön versaut. Das war uns irgendwie peinlich, aber die Leute beruhigten uns.

Draußen war dann schon Betrieb. Irgendjemand hatte die Polizei gerufen, und die Presse war auch schon da. Ich fragte mich, ob die wirklich klassisch den Polizeifunk abhören. Wir sind dann mit zwei Polizisten ins St.-Georg-Krankenhaus gefahren. Nach dem Röntgen hatten sich die ersten Vermutungen auf Schädelbasisbruch, Wadenbeinbruch und Rippenbrüche nicht bestätigt. Ich hatte nur ein paar Schürf- und Platzwunden, musste am Kopf genäht werden, bekam ein paar Schmerzmittel, aber im Großen und Ganzen hatte ich wohl ein Riesenglück.

Mit den beiden Polizisten mussten wir dann in derselben Nacht nochmal zum Tatort. Das fanden wir gar nicht lustig. Ich hatte wirklich Angst, dass die wiederkommen und habe, so halb aus Spaß gefragt, ob unsere Begleiter bewaffnet sind. Das waren sie, und das fand ich beruhigend. Wir mussten dann noch mal genau zeigen, wo was passiert ist, wir fanden Blutflecken auf der Straße und an einem geparkten Auto. Protokoll, Unterschrift, fertig. Ich erinnere mich daran, dass wir froh waren, als das alles erledigt war. Wir baten die beiden Polizisten, uns noch bis zu Alis Haustür zu bringen, und als wir dann oben die Wohnungstür von innen verschlossen hatten, wünschte ich mir, diese hätte vier oder fünf Schlösser, wie in den Filmen aus New York. Es war irgendwann mitten in der Nacht.

Ich rief Thomas, meinen, unseren besten Freund an, und er kam vorbei. Das war wichtig. Wir haben zu dritt lange miteinander geredet. Ganz abgesehen davon, dass er Psychologe ist – er hat uns beiden in dieser Nacht sehr geholfen. Mir war es sehr wichtig, nicht rumzujammern, ich wollte das alles eher als kleinen Zwischenfall abtun, der mir eben mal passiert war, aber das war nicht so leicht. Wenn ich heute von Leuten höre, die irgendwann ein traumatisches Erlebnis hatten und darunter noch sehr lange leiden, dann kann ich das jedenfalls besser verstehen. Selbst wenn du dir sagst: So schlimm war das doch gar nicht, es ist doch nichts passiert – selbst wenn du dir vornimmst, diese ganze Aktion als unwichtig oder nebensächlich abzutun, es funktioniert nicht. Was passiert ist, ist passiert, und damit musst du klarkommen, wie auch immer. Wir waren jedenfalls froh, dass unser Freund Thomas in dieser Nacht für uns da war, dass wir mit dem, was wir erlebt hatten, nicht alleine waren. Reden hilft immer, ob man dafür zu einem Therapeuten geht, oder ob es reicht, einen Freund zu konsultieren, hängt sicher vom Erlebten ab und natürlich auch von der Qualität der Freundschaft.

Zwei Tage später war die Geschichte in der Presse. Die BILD titelte ganz groß: Prinz Sebastian in Todesangst – das fand ich nicht so toll, aber anscheinend hat es dafür gesorgt, dass die Polizei sich ausnahmsweise noch mehr Mühe gegeben hat als sonst bei solchen Delikten, die Sache aufzuklären. Es wurden Straßenbahn- und andere Überwachungsvideos ausgewertet und ein paar Tage später konnten die beiden Typen verhaftet werden.

Das beruhigte mich erstmal. Ich war heilfroh, dass die beiden nicht mehr frei rumliefen, auch wenn die Wahrscheinlichkeit, dass mir sowas nochmal passieren würde, sicher sehr gering war. Ich versuchte, mich abzulenken, was auch ganz gut funktionierte. Meinen Kopfverband konnte ich irgendwann ablegen, die Haare hatte ich mir rappelkurz rasiert, und das Leben bewegte sich wieder in einigermaßen geordneten Bahnen. Ein paar Tage später rief mich mein Vater an. Die Großmutter eines der beiden Schläger hatte sich bei ihm gemeldet, um sich für ihren Enkel zu entschuldigen. Plötzlich war alles wieder präsent. Schon komisch, wie einen ein solches Erlebnis ohne

Vorankündigung in Sekundenbruchteilen wieder einholen kann. Ich rief sie an und besuchte sie. Sie lebte in einer kleinen Wohnung und erzählte mir von ihrem Enkel. Dass die Eltern nie wirklich für ihn Zeit hatten, dass er als kleiner Junge viel bei den Großeltern war. Die Mutter habe nur gearbeitet, und der Vater war eigentlich auch nie da. Sie zeigte mir Briefe vom »Jungen« aus der Untersuchungshaft, teilweise wirklich schlimmes, krakeliges Geschreibsel über ein deutsches Deutschland ohne Ausländer, über die Verschwörungen des Weltjudentums und dass das mit den Vernichtungslagern der Nazis gar nicht bewiesen ist und so weiter. Sie schämte sich für ihren Enkel – wir saßen dann beide heulend an ihrem Küchentisch, und sie verstand die Welt nicht mehr. Was war bloß aus ihrem Jungen geworden?

Heute ist dieser »Junge« übrigens ein führender Neonazi in Leipzig bei der Partei DIE RECHTE. Ich habe ihn, außer im Gerichtssaal persönlich nie wieder gesehen. Dort waren wir aneinandergeraten. Er brüllte zu mir rüber, ich hätte seine Mutter beleidigt. Er meinte sicherlich mein Lied »Geh in den Knast«, das ich geschrieben und ins Netz gestellt hatte, kurz nachdem das alles passiert war – ein ziemlich hartes, zorniges Ding mit folgendem Text:

Du ziehst durch die Straßen auf der Suche nach dem Kick
Du bist leicht angesoffen, denn das macht dir Mut
Du bist nicht allein, denn du bist so 'ne feige Ratte
Und zusammen schlagt ihr zu – es fließt Blut

Baseballschläger Springerstiefel mitten ins Gesicht
Du bist so jämmerlich brutal, du dummes Schwein
Treten, schlagen, immer wieder drauf, du bist pervers
Es macht dir Spaß, der Überlegene zu sein

Ich will dich nie wieder sehen, höchstens vor Gericht
Denn da gehörst du hin, auch wenn dir das nicht passt
Das geht schnell vorbei, und danach gehe ich nach Haus
Und du gehst hoffentlich schön lange in den Knast

Geh in den Knast, los geh in den Knast
Begib dich direkt dort hin
Geh in den Knast, los geh in den Knast
Und bleib schön lange drin

Dein soziales Umfeld, das war immer asozial
Der Psychologe hat für sowas ein Gespür
Vater arbeitslos und Mutter permanent besoffen
Der arme Junge kann doch nichts dafür

Ist doch ganz normal, da wird man schnell rechtsradikal
Bei dir gab's schon von Anfang an solche Tendenzen
Wenn aus Opfern Täter werden, ist das eben so
Doch mein Verständnis hält sich dafür sehr in Grenzen

Zeit, um nachzudenken, hast du hoffentlich genug
Ich hoffe wirklich, dass du dazu fähig bist
Nimm dir ein paar Bücher mit, versuch sie zu versteh'n
Vielleicht wirst du am Ende doch noch Pazifist

Geh in den Knast, los geh in den Knast
Begib dich direkt dort hin
Geh in den Knast, los geh in den Knast
Und bleib schön lange drin

Geh in den Knast, los geh in den Knast
Vielleicht fühlst du dich da zuhaus
Geh in den Knast, los geh in den Knast
Und mach das beste draus

Musik + Text: Sebastian Krumbiegel
© Club Geheimrat GmbH / Arabella Musikverlag GmbH

Diesen Text hatte ich geschrieben, bevor ich mich mit seiner Großmutter getroffen hatte, was eigentlich egal ist, aber ich hatte seine Mutter als Alkoholikerin bezeichnet. Im wahren Leben war sie es ja dann doch nicht, aber entschuldigen will ich mich bei dieser Person dafür wirklich nicht.

Es gab dann diesen Prozess im Landgericht Leipzig, zu dem ich als Zeuge der Anklage geladen war. Viel Presse draußen, drinnen im Saal hauptsächlich Sympathisanten der beiden Angeklagten. Sehr kurze Haare bei den Männern und Zöpfe oder kurze Pagenschnitte bei den Frauen. Deutsche Jungs und deutsche Mädels in Klamotten, die irgendwie auch zusammenpassten – ein sehr germanischer Style. Ich war natürlich aufgeregt, und als ich aufgerufen wurde: Sie sind Sebastian Krumbiegel – ja – wohnhaft in? – glaubte ich, mich verhört zu haben: Soll ich jetzt hier meine Adresse sagen? – ja, das sieht das Protokoll so vor. Freunde haben mir danach gesagt, ich hätte sagen können, dass ich das schriftlich nachreichen würde, darauf kam ich in diesem Moment nicht. Ich sagte brav meine Adresse – in einem Saal voller Nazis.

Während ich das hier so aufschreibe, denke ich, dass das alles ganz schön schräg klingt, aber es war schon eine unangenehme Situation. Zu Hause habe ich dann die Türen verrammelt, die Jalousien runtergelassen und ging, als es abends dunkel wurde, nicht mehr vor die Tür. Es dauerte eine Weile, bis ich diese Angst überwinden konnte. Im Nachhinein weiß ich, dass das vielleicht übertrieben war, aber in diesen Wochen und Monaten war ich ganz schön durcheinander. Meinen Kindheitspark mit meinem Rutschelefanten musste ich mir auch Stück für Stück zurückerobern, erst tagsüber, später dann am Abend und irgendwann schließlich auch nachts.

Die beiden Schläger wurden zu hohen Gefängnisstrafen verknackt, allerdings nicht nur für die Aktion mit Ali und mir. Sie hatten noch andere Sachen gemacht, der ältere war vorbestraft und am Tag des Überfalls sogar Freigänger. Er bekam zehn Jahre und der jüngere vier. Das war zwar ganz schön viel, dachte ich, aber – ja – ich fand das unterm Strich gut so. Die beiden waren weggesperrt. Ich musste mir ihretwegen erst mal keine Sorgen mehr machen. Manchmal kam mir noch der Gedanke, wie ich mich am 25.6.2013 fühlen würde, wenn der Ältere aus dem Knast entlassen würde. Ihn hatte ich als den brutaleren der beiden in Erinnerung, dieses grobschlächtige Gesicht, Glatze, Stiernacken, Narben und ein Tattoo neben dem anderen. Ob ich dann vorsichtiger durch die Straßen gehen würde? Ob ich mich immer mal wieder umsehen würde, wenn ich das Gefühl hätte, verfolgt zu werden? Aber nach und nach verblassten die Erinnerungen, und irgendwann war das alles kein Thema mehr. Ich habe wenig oder gar nicht darüber gesprochen – ich habe viel vergessen, sicher habe ich verdrängt, bis dann irgendwann dieser Brief kam. Absender: Weißer Ring – ein Verein zur Unterstützung von Kriminalitätsopfern und zur Verhinderung von Straftaten. Sie schrieben mir, dass in Leipzig im Maßregelvollzug einer der beiden Männer einsitzt, die mich damals überfallen hatten – er wolle sich bei mir entschuldigen. Meine erste Reaktion war ganz klar: Nein – niemals – Arschloch – mit dem will ich nichts mehr zu tun haben, den will ich nie wiedersehen! Ich erzählte ein paar Freunden davon, und sie rieten mir, nochmal darüber nachzudenken. Was hätte ich denn zu verlieren? Maßregelvollzug – das ist eine psychiatrische Einrichtung für psychisch kranke oder suchtkranke Straftäter. Es handelt sich also um Menschen, die Straftaten begangen haben, weil sie psychisch labil sind, weil sie vielleicht Probleme mit Alkohol oder anderen Drogen haben. In vielen Gesprächen wurde mir klar, dass es ja nicht darum ginge, diesem Typen einen Gefallen zu tun, sondern darum, dass ich mit dieser ganzen Geschichte endlich abschließen könnte. Ich suchte den Brief also wieder heraus und ließ mich telefonisch zu einem Therapeuten durchstellen, der wusste, worum es ging. Am nächsten Tag fuhr ich hin – erstmal nur, um mich mit ihm als Vertreter der Anstalt zu treffen und alles Weitere zu besprechen. Dieser Maßregelvollzug vor den Toren der Stadt ist ein hochmoderner Komplex. Sicherheitsschleusen, Sicherheitsglas – nirgends sieht man Gitter, aber alles ist dermaßen gesichert, dass man ein beklemmendes Gefühl hat, sobald man drin ist. Mir fiel auf, dass die Türen nur auf einer Seite Klinken hatten. Der Therapeut sagte mir, es sei besser, wenn er vorerst mit mir alleine spräche, dass der, um den es ginge, gar nicht wissen solle, dass ich da bin. Er empfahl mir, zunächst noch ein paar Nächte drüber zu schlafen und mich dann, wenn ich diese Begegnung wirklich wolle, nochmal zu melden. Er zeigte mir die Zelle – eher ein nicht ungemütliches Zweierzimmer. Ich weiß noch, dass er Bayernfan zu sein schien (keine Wertung!), im Regal standen CDs und ein paar Bücher.

Ich merkte: Jetzt war ich so weit – jetzt wollte ich dieses Thema auch zu Ende bringen. Als ich seine persönlichen Sachen gesehen hatte, war die Angst, einem Monster zu begegnen, weg. Das schien ein ganz normaler Typ zu sein, kein Hannibal Lecter, der sofort wieder auf mich losgehen würde – wer weiß, vielleicht würden wir ganz angeregt miteinander sprechen und ich könnte sogar verstehen, was ihn damals geritten hatte. Ich war neugierig geworden und machte mit dem Therapeuten für ein paar Tage später einen Termin aus, bei dem wir uns dann gegenübertreten sollten. Als ich wieder hinkam war ich recht angespannt, dachte aber auch: Was soll schon passieren, jetzt wollte ich es auch wissen. Wir trafen uns in einem winzigen, fast klaustrophobisch anmutenden Raum. Dreiertisch, Therapeut, er und ich. Als ich ihn sah, ging bei mir sofort das Kopfkino los. Er sah so aus, wie ich ihn in Erinnerung hatte. Wie aus einem Tarantino-Film entsprungen, das klassische Gangsterface, eine Riesennarbe im Gesicht, tätowiert und irgendwie in jeder Hinsicht furchterregend. Ich weiß nicht, inwiefern das alles subjektive Wahrnehmung war, aber ich fühlte mich unsicher und bekam sofort einen trockenen Mund. Wir siezten uns von Anfang an, ich versuchte, das Gespräch zu eröffnen und fragte ihn, wie er denn diesen Abend in Erinnerung hätte. Er schien sich auch nicht wohl zu fühlen, erzählte mir von sich, von seinem Elternhaus, und das war sozusagen der Klassiker. Gewalt in der Familie, früh zuhause raus, Anschluss und Anerkennung in der rechten Szene bekommen, und so kam dann eins zum anderen. Je länger wir miteinander sprachen, desto mehr wurde mir klar, dass das eigentlich ein ganz armes Würstchen war. Es wurde dann sehr emotional, kämpften wir beide mit den Tränen? Der Therapeut versuchte zu vermitteln und das Gespräch am Laufen zu halten. Ich weiß nicht, wie lange alles gedauert hatte, aber irgendwann fing er an, sich zu entschuldigen und fragte am Ende, ob ich seine Entschuldigung annehmen würde. Ja, das wollte ich. Ich wünschte ihm alles Gute für seine Therapie, wir verabschiedeten uns, und ich verließ diesen winzig kleinen Raum und den Hochsicherheitstrakt.

Als ich draußen war, fühlte ich mich erst mal ziemlich mies. Das hatte Energie gezogen, und ich wusste nicht so genau, ob dieses Treffen nun gut gewesen war oder nicht. Aber je mehr Zeit verging, desto besser fühlte ich mich, desto mehr war mir klar: Das hast du wirklich nicht für ihn getan, sondern vor allem für dich selbst. Ich hatte viel gelernt. An erster Stelle stellte ich mir die Frage: Was konnte dieser Mann wirklich dafür? Oder anders gefragt: Was wäre aus mir geworden, welchen Weg hätte ich eingeschlagen, wenn ich in ähnlichen Verhältnissen aufgewachsen wäre? Nicht im geborgenen Elternhaus mit vielen Gesprächen, viel Musik und noch viel mehr Liebe meiner Eltern und Geschwister. Wo wäre ich gelandet, wenn ich an seiner Stelle gewesen wäre und nicht im Thomanerchor, nicht mit Cello- oder Trompetenunterricht, sondern mit einem schwierigen Vater und dem permanenten Gefühl, nichts wert zu sein? Ich meine das nicht als Entschuldigung, eher als Erklärung für diese ganze Geschichte. Ich meine, jeder kommt als unbeschriebenes Blatt auf die Welt und wird durch das, was er erlebt, was ihn umgibt, geprägt und geht dann durch die Türen, die sich ihm öffnen. Das Ganze hat sehr viel mit Glück zu tun, denn nicht jeder kann einfach so, aus eigener Kraft, aus misslichen Verhältnissen ausbrechen. Ich komme mir nicht irgendwie edel oder gut vor, dass ich seine Entschuldigung angenommen habe, ich fühle mich seitdem aber besser und habe dadurch wirklich einen Schlussstrich unter diese Sache ziehen können. Das ist jetzt ungefähr fünf Jahre her, und im Juni 2013 habe ich dann gedacht: Okay – spätestens jetzt ist er draußen, und hoffentlich kommt er jetzt besser mit sich und seinem Leben klar und haut nicht mehr irgendwelchen Leuten nachts im Park auf die Mütze.

Einen Nachtrag gibt es allerdings noch: Vielleicht zwei Jahre nach dem Treffen mit ihm war ich mal wieder in der Leipziger Nacht unterwegs und landete dann, wie so oft, in der Skala, einer herrlichen Kneipe am Schauspielhaus in der Gottschedstraße, die erst dann schließt, wenn der Letzte geht. Dort treiben sich zu später Stunde die Nachtschwärmer und Freaks rum, viele Künstler und illustre Leute, mit denen man wunderbar über Gott und die Welt diskutieren kann, meistens mit viel Alkohol. Ich war auch schon ziemlich gut unterwegs und hörte irgendwann, wie mich ein Typ, der noch mehr intus hatte als ich, völlig unvorbereitet fragte: Sagt dir dieser Name was? Es war der Name des Mannes, den ich damals im Maßregelvollzug besucht hatte. Mit einem Schlag fühlte ich mich stocknüchtern. Der Typ fing an zu reden und sagte, dass er als Pfleger da draußen im Maßregelvollzug arbeite und dass er diesen Kerl niemals entlassen hätte. Das wäre ein Riesenfehler gewesen, er habe nichts, aber auch gar nichts gelernt, und er sei das größte Arschloch, das er jemals getroffen habe. Nach wie vor habe er auf seinem Rücken »KKK« und »White Pride« tätowiert, und er sei nur deswegen früher entlassen worden, weil ich mich mit ihm getroffen und ihm »die Absolution erteilt« hätte.

Da war ich ganz schön durcheinander. Hat er mir damals wirklich etwas vorgespielt? Den reuigen Sünder gegeben, um schneller wieder rauszukommen? Ein bisschen rumgeheult, auf die Tränendrüse gedrückt und mich nach Strich und Faden verarscht? Das wollte ich nicht glauben. Ich redete mir ein, dass dieser alkoholisierte Typ in der Skala sich nur wichtigmachen wollte. Außerdem hätte er mir das sowieso alles gar nicht erzählen dürfen, weil es ja auch eine Schweigepflicht für Mitarbeiter einer solchen Einrichtung gibt. Trotzdem blieb ein ungutes Gefühl zurück, aber ich habe beschlossen, dieses Gefühl zu ignorieren und auszublenden. Selbst wenn er recht hatte und der Mann, dessen Entschuldigung ich angenommen hatte, mir was vorgespielt hat, dann kann ich es auch nicht mehr ändern. Einfacher ist es jedenfalls, die nächtliche Begegnung in der Skala als Fußnote abzutun und weiterhin davon auszugehen, dass die Therapie gefruchtet hat und er als geläuterter, guter oder wenigstens besserer Mensch durchs Leben geht. Das Wichtigste für mich ist: Angst habe ich seitdem jedenfalls nicht mehr.

Später habe ich mich manchmal gefragt, was das eigentlich für ein schräger Tag war, dieser 25.6.2003. Dass ich ausgerechnet an dem Tag überfallen wurde, an dem ich mit meiner gesamten Familie und meiner Band in *der* Kirche Musik gemacht habe, in der ich getauft wurde. Und noch einen Schritt weiter gedacht: aus der ich dann, Jahre später ausgetreten bin. Dazu aber an anderer Stelle mehr.

Dass dieser ganze Scheiß ausgerechnet an diesem, eigentlich so schönen Tag passiert ist, ist natürlich Zufall, und es wäre totaler Schwachsinn, dahinter irgendetwas anderes zu vermuten – Schicksal oder Fügung oder irgendwelche höheren Mächte. Nein es war Zufall, klar. Neulich habe ich einen schönen Spruch gehört: Zufälle gibt es nicht – es fällt dir zu, was fällig ist. War das sozusagen mal fällig für mich? Vielleicht. Was ich für mich daraus gelernt habe, ist jedenfalls, dass ich in meinen 50 Jahren Leben jede Menge Glück gehabt habe. Und diese Art von Demut vor dem, was mir widerfahren und was mir eben auch nicht widerfahren ist, dieser Gedanke ist ein guter.

»ICH HABE DAS GLÜCK, EIN PRINZ ZU SEIN« 4

**Roter Teppich, die Höhle des Löwen
und die Erotik der Macht**
Im Juni 2008 fand im Leipziger Rathaus eine große Gala statt. Die Kanzlerin, Bill Clinton, Michail Gorbatschow, Helmut Schmidt, Anthony Hopkins, Udo Lindenberg, Bob Geldof – es war eine hochkarätige Gästeliste. Der rote Teppich war ausgerollt, der Champagner kalt gestellt. Gastgeber bei der Verleihung des Leipziger BILD OSGAR, einem Medienpreis, den der Axel-Springer-Verlag seit Anfang der 90er-Jahre jährlich auslobte, war BILD-Chefredakteur Kai Diekmann. Wir hatten diesen Preis im Jahr 2000 bekommen und waren nun in unserer Heimatstadt eingeladen. Eigentlich ein Grund, sich zu freuen, zu so einer exklusiven Party eingeladen zu werden, aber ich hatte ein ungutes Gefühl dabei. Warum? Da muss ich kurz ausholen.

Seit ein paar Jahren kannte ich das Leipziger Projekt »Bunte Gärten«, eine großartige Idee: Flüchtlinge, oder wie man heute sagt, Geflüchtete bzw. Asylsuchende treffen sich in einer alten Gärtnerei und finden dort Hilfe und Unterstützung, lernen die »Spielregeln« des Asylverfahrens kennen, werden juristisch beraten, und es werden Sprachkurse vermittelt. Im Rahmen dieses Projektes hatte ich eine Kinderbibliothek musikalisch eröffnet und viele der Leute kennen gelernt, die kurz darauf zwei Journalistinnen ihre Erlebnisse und Geschichten erzählten. Daraus entstand ein Buch mit dem Titel »Hoffnung säen«. Eine Geschichten-Sammlung über Flüchtlingsschicksale aus aller Welt, über Menschen also, die nach Deutschland gekommen und in Leipzig gelandet waren. Ich hatte zu diesen Geschichten ein Vorwort geschrieben und war auf einmal »Herausgeber«, was ich aufregend fand und neu.

Zusammen mit einem befreundeten Musiker aus Berlin ging ich damit auf eine ausgedehnte musikalische Lesereise. Kleine Theater oder Clubs mit maximal 200 Leuten, die sich zwei Stunden lang diese Geschichten angehört haben. Diese waren einerseits anrührend, manchmal sogar lustig, im nächsten Augenblick aber auch heftig, brutal und hart. Wenn du die Einzelschicksale hörst, dann entwickelst du automatisch Empathie. Es ging um einen Pfarrer aus dem Kongo, der mit ansehen musste, wie Landsleute, die er in seiner Kirche versteckt gehalten hatte, ihre eigenen Gräber ausheben mussten; es ging um Mutter und Tochter, die zusammen im ehemaligen Jugoslawien auf der Flucht waren und diese nur knapp überlebt hatten; es ging um einen Jungen aus Aserbaidschan, der es bis nach Deutschland geschafft hatte und es hier plötzlich mit Nazis zu tun bekam. Wir spürten, dass beim Vorlesen dieser Schicksale der Respekt wie von selbst kam. Der Respekt vor dem, was diese Menschen erlebt hatten, wie sie damit umgegangen waren und wie sie noch heute damit umgehen müssen. Keine leichte Kost, die wir mit unserer Musik ergänzt haben, so dass wir das Gefühl hatten, das Publikum im Kopf und im Herzen zu erreichen.

Unsere musikalische Lesereise fiel genau in die Zeit der Wahlkampf-Kampagne des damaligen hessischen

Ministerpräsidenten Roland Koch. Diese war, und ich denke, ich lehne mich jetzt nicht zu weit aus dem Fenster, mindestens populistisch-nationalkonservativ, wenn nicht sogar tendenziös rassistisch. »Wir haben zu viele kriminelle Ausländer« – das war die Kernbotschaft, und das war auch die Schlagzeile der BILD-Zeitung. Es war so ziemlich genau das Gegenteil dessen, was wir Abend für Abend versuchten, den Leuten zu vermitteln. Wir wollten die Leute auf einer emotionalen Art erreichen, wollten genau diese nötige Empathie wecken oder verstärken, wollten versuchen, ohne erhobenen Zeigefinger unser Publikum für Dinge zu sensibilisieren. Musik ist dafür ein sehr geeignetes Mittel, denn durch die Songs lassen wir dem Publikum Zeit, das Gehörte zu verarbeiten.

Heute bestimmen die Themen Migration und Flucht unsere Medien, und immer noch werden wir mit rassistischer Hetze bombardiert. Sei es die ständige Präsenz von rechtspopulistischen Scharfmacherinnen und Scharfmachern in Talkshows, sei es der ungefilterte Hass in den sozialen Netzwerken oder auf fragwürdigen vielfrequentierten Webseiten mit verschwörungstheoretischen oder rassistischen Inhalten. Das war in den Nullerjahren noch nicht so extrem – damals waren, viel mehr als heute, große Zeitungen, vor allem auch die BILD, die meinungsbildenden Medien. An den Abenden unserer musikalischen Lesereise erreichten wir, wenn es hoch kam, 200 Menschen – und am nächsten Morgen lasen Millionen eben genau das Gegenteil – populistische Hetze, die für die nächste Wahl für eine Mehrheit sorgen sollten. Wir waren irgendwas zwischen resigniert und wütend. Warum machten wir eigentlich das, was wir hier versuchten? Es war doch völlig sinnlos – ein Kampf gegen Windmühlen. Was erreichten wir denn, wenn das, was wir vermitteln wollten, von einer großen, mächtigen Zeitung auf einen Schlag wieder eingerissen wurde? Mein Freund, der Gitarrist, las mir genüsslich das berühmte Max-Goldt-Zitat vor, wonach die BILD-Zeitung »ein Organ der Niedertracht« ist.

»Es ist falsch, sie zu lesen. Jemand, der zu dieser Zeitung beiträgt, ist gesellschaftlich absolut inakzeptabel. Es wäre verfehlt, zu einem ihrer Redakteure freundlich oder auch nur höflich zu sein. Man muss so unfreundlich zu ihnen sein, wie es das Gesetz gerade noch zulässt. Es sind schlechte Menschen, die Falsches tun«.

Und dann kam die Einladung von eben dieser Zeitung. »Da gehst du nicht hin, da kannst du gar nicht hingehen. Du kannst doch nicht den Champagner von Kai Diekmann saufen und so tun, als ob alles okay wäre – niemals«, waren meine ersten Gedanken.

Irgendwann kam ich dann aber auf die Idee, dass es noch eine andere Möglichkeit gab. Ich könnte doch hingehen und den, der mich eingeladen hatte, einfach genau darauf ansprechen. Ich könnte ihm sagen, dass viele Einzelschicksale nicht mit einer Schlagzeile zusammengefasst werden können, dass seine Schlagzeilen, die Hetze seiner Zeitung zu nichts Gutem führen, im Gegenteil: dass sie das Klima vergiften. Eigentlich die beste Lösung, dachte ich. Ich gehe in meiner Stadt ins Rathaus, bin freundlich und sage trotzdem klar, dass ich da was auf dem Herzen habe, was ich loswerden muss. Nicht provozierend oder respektlos, aber klar und gerade raus – offen und ehrlich.

Als es dann so weit war, hatte ich mir ein paar Sätze zurechtgelegt und stürzte mich ins prominente Getümmel. Ein, zwei Gläser Champagner zum Festhalten und Lockerwerden, den Gastgeber suchen, den richtigen Moment abpassen und los. Ich stellte mich artig vor und erzählte Kai Diekmann von Buch und Lesereise, von Roland Koch und den Schlagzeilen seiner Zeitung, von Rassismus und Verantwortung in der Medienlandschaft, von meiner Resignation und meiner Wut und dass ich das alles mal schnell loswerden müsse, weil ich mich sonst über mich selbst ärgern würde, seine Einladung angenommen zu haben. Alles musste ziemlich schnell über die Bühne gehen, natürlich standen jede Menge Leute Schlange beim Gastgeber des Abends, und natürlich war ich aufgeregt. Aber irgendwie hat es funktioniert. Er hörte mir wirklich zu, reagierte freundlich-professionell und gab mir dann seine Karte, fast entschuldigend, so nach dem Motto »Jetzt muss ich mich aber mal noch um Bill, Gorbi, Angie und die anderen kümmern, die scharren auch schon mit den Hufen«. Ich sollte ihm eine Mail schreiben, sein Büro würde dann zeitnah einen Termin machen, und wir könnten in Ruhe über alles reden.

Es war überraschend einfach gewesen, ich war ganz zufrieden mit dem Ergebnis und trank noch ein paar Glas Champagner von Kai Diekmann. Als ich dann irgendwann zu später Stunde nach Hause kam, schrieb ich noch die Mail, bedankte mich für die Einladung und den schönen Abend und bat um einen Termin in der Rudi-Dutschke-Straße in Berlin.

Ein paar Wochen später war es dann so weit. Ich stand vor dem imposanten Springer-Gebäude und war zugegebenermaßen etwas angespannt. Das war sie nun also, die Höhle des Löwen, und ich hatte einen Termin beim Chef. Ich wurde von mehreren Leuten nacheinander in Empfang genommen, musste meinen Ausweis abgeben und alle Waffen (kleiner Scherz), von einem Fahrstuhl in einen anderen umsteigen und mich durchleuchten lassen wie beim Security-Check auf dem Flughafen. Das hatte schon was von Hochsicherheitstrakt, und die Leute, die da arbeiteten, schienen allen Grund dazu zu haben, nicht jeden einfach so reinzulassen. Hier war also das Zentrum der Macht, der Ort, an dem die öffentliche Meinung gemacht wurde. Das, oder so etwas Ähnliches dachte ich, als ich nach oben fuhr, und ich dachte an den berühmten Satz aus dem Hause Springer: »Wer bei uns mit dem Fahrstuhl nach oben fährt, der fährt mit uns auch wieder mit dem Fahrstuhl nach unten«, was mich in diesem Moment sogar fast ein bisschen beruhigte. Ich würde mit diesem Fahrstuhl nach meinem Termin wieder hinunterfahren und nach Hause gehen – egal, was in den nächsten zwei Stunden passieren würde. Ich würde auf gar keinen Fall da oben bleiben, und ich würde in Zukunft diesen Fahrstuhl ziemlich sicher auch nicht so schnell wieder benutzen – das war mir klar, als ich nach oben fuhr. Dort angekommen empfing mich der Chef dann persönlich, zeigte mir kurz die Redaktion, stellte mir ein paar Leute vor, bot mir Kaffee und Wasser an und bat mich in sein Büro. Knapp eineinhalb Stunden mit Kai Diekmann in einem Raum – konnte das gut gehen? Ja, das konnte es.

Nach der Gala-Nacht in Leipzig hatte ich einigen Freunden und Bekannten erzählt, was passiert war und dass ich nun bald diesen Termin bekommen würde. Die häufigsten Reaktionen waren: Was willst du denn da konkret machen oder sagen? Willst du ihm die Meinung geigen und sagen, dass es unverantwortlich und gefährlich ist, was er macht? Willst du ihn fragen, was er von Bölls »Die verlorene Ehre der Katharina Blum« hält oder von Max Goldt? Glaubst du, dass du den irgendwie beeinflusst, dass er seine Sicht der Dinge durch euer Gespräch ändert oder dass das überhaupt irgendwas bringt?

Ich dachte mir, dass es sicherlich nicht besonders konstruktiv sein würde, hinzufahren und ihn wild zu beschimpfen. Was mein Problem war, das wusste er ja von unserem kurzen Gespräch in Leipzig. Nein, ich wollte ihn einfach mit positiven Dingen konfrontieren. Ich packte »Hoffnung säen« ein, das Buch und das Hörbuch, Broschüren von unserem Verein »Leipzig – Courage zeigen«. Ich hatte Prospekte der Amadeu-Antonio-Stiftung dabei, die sich um Opfer rechter Gewalt kümmert, und den Sächsischen Förderpreis für Demokratie verleiht, bei dem ich in der Jury sitze. Material vom Bündnis »Dresden Nazifrei«, das seit Jahren, am Jahrestag der Bombardierung der Stadt am 13. Februar, versucht, die größten Naziaufmärsche in Europa friedlich zu blockieren, Flyer des Berliner Vereins »Gesicht Zeigen«, mit denen ich das Projekt »Störungsmelder – wir gehen an Schulen und reden über Nazis« unterstütze, »Laut Gegen Nazis« aus Hamburg oder eben die »Bunten Gärten« in Leipzig.

Ich sagte ihm, dass es doch viel besser sei, viel konstruktiver, wenn er über solche Projekte berichten lassen könnte. Natürlich sagte ich ihm auch, dass mir die Bedeutung des Boulevard-Journalismus klar sei, dazu noch, dass er wohl einer der besten sei, sonst säße er ja nicht auf diesem Stuhl. Dass es sicher klar definierte Regeln gäbe, wie diese Art Journalismus funktioniere und dass es sicher reichlich blauäugig sei, ihm das alles jetzt mit leuchtenden Augen zu erzählen.

Er hörte mir aufmerksam zu, musste ab und zu mal für ein paar Minuten den Raum verlassen, um irgendwas zu klären, aber immer wenn er wiederkam, war er im Kopf genau an der Stelle, wo unser Gespräch unterbrochen worden war. Er erzählte mir von den vielen Gerichtsprozessen, die »das Blatt« führe. Prozesse von Menschen oder Institutionen, die sich von der BILD-Zeitung falsch oder verzerrt dargestellt fühlen. Er berichtete von der Israel-Klausel des Springer-Konzerns, die von jedem Mitarbeiter unterschrieben würde und die das Herbeiführen einer Aussöhnung zwischen Juden und Deutschen und eine Unterstützung der Lebensrechte des jüdischen Volkes als Ziel habe. Er erzählte von Udo Lindenberg, zu dem er einen guten Draht habe, dass er sehr viele türkische Freunde habe und meine Projekte sämtlich durchaus interessant finde. Wir siezten uns die ganze Zeit, ich glaube, weniger wegen eines Komm-mir-nicht-zu-nah-Gefühls, sondern eher wegen einer Art vorsichtigen Respekts, aber das kann ich natürlich nur von meiner Seite aus sagen. Für mich war das schon ein ganz schöner Flash, und ich fragte mich, als ich wieder draußen war, mal wieder, was das denn jetzt gerade für ein Film war. Hatte das irgendwas gebracht? Wenn ja, wem? Ihm? Mir? Also mir auf jeden Fall – aber war das der Sinn der Übung?

Auch wenn ich sicher bin, dass diese eineinhalb Stunden den Chefredakteur der BILD nicht verändert haben werden – es wäre ja unfassbar, wenn dieser ab jetzt nur noch Berichte über gelungene Integration, über Liebe, Friede, Freude und Eierkuchen veröffentlichen würde und auf jede Art von reißerischen Schlagzeilen verzichtete, weil er Angst hätte, Menschen zu verletzen – so sehr weiß ich aber auch, dass bei jedem immer irgendwas hängenbleibt, und wenn es auch nur ein klitzekleines Körnchen ist, der Hauch eines Gedankens oder eines Gefühls. Das ist auf der einen Seite ganz wunderbar und vielversprechend, auf der anderen allerdings auch ein kreuzgefährlicher Tanz mit dem Teufel, denn es bedeutet ja auch, dass ein bisschen von ihm bei mir hängengeblieben ist ...

Mein bester Freund hat mir vor einigen Jahren gesagt, dass ich doch bitte bei solchen Aktionen vorsichtig sein solle. Er sprach von der »Erotik der Macht«, die sehr tückisch sei, der man schnell erliegen könne, wenn man sich nicht vorsieht. Der Chefredakteur der auflagenstärksten Zeitung hat viel Macht, vielleicht sogar mehr als diejenigen, die ich ein paar Monate später treffen sollte. Wir waren mit meiner Lieblingsband zur Ministerpräsidenten-Konferenz eingeladen. Sie wurde in Sachsens Landeshauptstadt Dresden abgehalten, und wir sollten wohl als sächsische Vorzeige-Pop-Künstler vor der versammelten Mannschaft aller Länderchefs ein kurzes A-cappella-Programm geben. Das fand ich sehr spannend, denn wann hat man schon mal die Möglichkeit, alle Ministerpräsidenten auf einem Haufen zu treffen. Wir sangen in kleiner Runde, und der eine oder andere Regierungschef outete sich als Sympathisant unserer Musik. Bevor wir auf die Bühne gingen, sah ich mir auf den Plätzen die Namensschilder an, um zu wissen, wer wo sitzt, und als wir dann nach dem Essen dran waren, konnte ich bei einem unserer Lieder »Vergammelte Speisen zu überhöhten Preisen sind zurückzuweisen« an den betreffenden Textstellen einzelne Personen direkt ansingen: »Serviert dir ein Bayer schlecht riechende Eier« (Günther Beckstein), »Leuchten nachts in Sachsen die Schweinehaxen« (Georg Milbradt), »Sitzt du in Hessen und würgst dich beim Essen« (Roland Koch), »Winken in Schwaben aus der Leberwurst Schaben« (Günther Oettinger) – das fanden die lustig – Günther Oettinger winkte bei »seiner« Stelle leutselig in die Runde, und so war das Eis sehr schnell gebrochen.

Am Abend gab es dann eine Party im Hilton Dresden. Wahrscheinlich die am besten bewachte Party, auf der wir jemals waren. Überall standen Männer in schwarzen Anzügen mit Knopf im Ohr und Beule in der Jacke rum, und wir mussten durch einen gründlichen Security-Check. Als wir dann endlich drin waren, ergriff ich die Gelegenheit beim Schopf und suchte das Gespräch mit jedem Landeschef, um ihm von dem Projekt »Hoffnung säen« zu erzählen und anzuregen, dass das doch gute Schulliteratur sei, zumal ja Bildung Ländersache ist. Natürlich sprach ich auch länger mit Roland Koch und erzählte ihm dieselbe Geschichte, die ich Kai Diekmann erzählt hatte. Sein Wahlkampf war, wie sich mittlerweile herausgestellt hatte, nach hinten losgegangen, seine Macht in Hessen stand auf wackeligen Füßen, und wir warfen uns gegenseitig unsere Argumente an den Kopf. Er verteidigte seine Linie, fragte, ob ich Kinder hätte und ob ich diese ausschließlich antiautoritär erziehen würde, dass er eine klare, harte Linie für richtig hielte, und dass das Leben eben manchmal harte Entscheidungen verlange.

Natürlich gibt es unterschiedliche Auffassungen, nicht nur, was Kindererziehung betrifft, und ich denke, dass die Wahrheit dabei, wie so oft, in der Mitte liegt. Die rassistischen Slogans seines Wahlkampfes allerdings halte ich definitiv für falsch – mehr noch: für menschenverachtend, und genau das versuchte ich ihm höflich zu sagen. Ein bisschen kam ich mir zwischendurch vor wie der kleine Junge, der mit einem Erwachsenen redet, aber ich versuchte, bei meiner Linie zu bleiben – ich hatte ja nichts zu verlieren. Aber auch diese Gespräche waren, wie das mit Kai Diekmann, sehr interessant, so dass ich mir vornahm, an jede Staatskanzlei ein Päckchen zu schicken, mit dem Buch, dem Hörbuch, und darum zu bitten, diese an die jeweiligen Kultusminister weiterzuleiten. Dazu ein kleiner, handgeschriebener Brief an den Chef, mit der Bemerkung, dass ich den Abend in Dresden sehr fruchtbar fand und nun versuchen wollte, etwas Bleibendes daraus zu ziehen. Und wer schrieb als einziger der 16 Ministerpräsidenten zurück: Ausgerechnet Roland Koch! Er dankte mir für die Anregung und wollte sich darum kümmern. Aus anderen Ländern bekam ich, wenn überhaupt, Antwortschreiben von Staatssekretären, man wolle prüfen und so weiter. Unterm Strich kam dabei, jedenfalls bis jetzt, nichts rum, und sicher war auch diese Aktion eher blauäugig, und ich hatte mir mehr erhofft. Aber ich hatte es wenigstens versucht und dachte wieder an den Grundsatz: Ein bisschen bleibt immer in den Köpfen hängen.

Einen ähnlichen Versuch startete ich auch bei einer anderen Gelegenheit. Am 2. Oktober 2015 bekamen wir mit meiner Lieblingsband in der Dresdener Frauenkirche den Europäischen Kulturpreis verliehen. Darüber schrieb ich ein halbes Jahr später für das Magazin der Semperoper eine Kolumne, und die sah folgendermaßen aus:

Ich habe das Glück, ein Prinz zu sein. Unsere Band gibt es seit 25 Jahren. Wir haben viele denkwürdige Dinge erlebt, sind in höchste Höhen geflogen, in eisige Tiefen abgestürzt, aber wir sind nach wie vor zusammen unterwegs und machen das, was wir am besten können, weil wir es am liebsten tun: Musik. Und das Spannende ist, dass Höhen wie Tiefen meist unverhofft kommen wie bei folgendem Erlebnis:
Im Oktober bekamen wir in der Dresdner Frauenkirche den Europäischen Kulturpreis verliehen – eine honorige Veranstaltung mit weiteren Preisträgern, vielen Ehrengästen und Kurt Biedenkopf in der ersten Reihe. Wir bekamen diesen Preis für unser Engagement gegen Rassismus und Fremdenfeindlichkeit. Musikpreise erhielten wir schon viele, aber noch keinen für gesellschaftliches Engagement – das war für uns als Band neu. Wir waren lange auf Tour gewesen, über Nacht von Rostock nach Dresden gereist und am Mittag zum Soundcheck in der Frauenkirche. Nach den Proben sagte der Aufnahmeleiter: »An diesem Mikrofon haltet ihr eure Dankesrede.« Darüber hatte

ich mir noch keine Gedanken gemacht. Bis zur Live-Sendung um 20.15 Uhr im MDR Fernsehen schrieb ich im Hotelzimmer folgende Geschichte in mein Telefon, um sie am Abend vorzulesen:

»Es war einmal ein großer König, der bei seinem Volk sehr beliebt war, weil er weise Entscheidungen für sein Land traf. Unglücklicherweise wurde er aber von einer schlimmen Krankheit heimgesucht: Er war – auf dem rechten Auge erblindet. Sein Blick war getrübt, was dazu führte, dass im Königreich fürchterliche Dinge geschahen. Häuser von Zugereisten gingen in Flammen auf, und Hass, Neid und Missgunst machten sich bei vielen Untertanen breit. Zu allem Unglück hatten sich auch einige Berater des Königs infiziert und fingen an, gefährlich weit am rechten Rand zu fischen. Die Krankheit breitete sich aus im Lande, und plötzlich schien niemand mehr dagegen immun zu sein. Zum Glück gab es aber viele kluge Köpfe im Königreich, die nach einer Medizin suchten, die diese Krankheit zu heilen vermochte. Sie sollten sie finden, und fortan konnten alle Menschen wieder mit beiden Augen sehen. Die Fischer am rechten Rand wurden in die Wüste geschickt und endlich konnten alle wieder friedlich und einträchtig miteinander leben. Und wenn sie nicht gestorben sind, dann leben sie noch heute.«

Zugegeben, ich war aufgeregt, als ich das vorlas, zumal ich wusste, dass es nicht bei allen Anwesenden Begeisterungsstürme auslösen würde. Der Applaus des Publikums war groß, einige allerdings klatschten demonstrativ nicht, und das Echo war unterschiedlich. »Wenn man so einen Preis bekommt, dann bedankt man sich anständig und produziert sich nicht als Nestbeschmutzer«, hörte ich. Aber ich habe auch viel Zuspruch bekommen, und am meisten habe ich mich über eine SMS meiner besten Freundin gefreut: »Das war toll – mein Vater sagt, das war fabelhaft, besser hättest du es nicht machen können.«

Ihr Vater ist 92 Jahre alt, lebt in Göttingen, ist aber in Dresden groß geworden. Wir reden oft miteinander, er ist ein kluger, ja weiser Mann und politisch nach wie vor wach und kritisch. Er beobachtet aus der Ferne intensiv, was in seiner Heimat passiert, die Demonstrationen, die montags stattfinden. Auch er ist ratlos, aber versucht, sein Dresden zu verteidigen, und ärgert sich, wenn wir schlecht darüber sprechen. Dieser Mann schien verstanden zu haben, was ich meinte. Nein, ich will kein Nestbeschmutzer sein. Ich denke nur, dass man Klartext reden sollte, nicht nur da, wo alle jubeln, sondern genau da, wo man Gegenwind bekommt, weil die Zuhörer sich ertappt fühlen. Nur, wenn man diese Leute berührt, hat man die Chance, wirklich etwas zu erreichen. Wenn der König sagt, dass die Sachsen immun sind gegen Rechtsextremismus, wenn sein Nachfolger sagt, dass der Islam nicht zu Sachsen gehört, wenn einer seiner Berater sagt, dass wir mehr nationale Wallungen brauchen oder ein anderer eine Task-Force gegen Ausländer-Kriminalität ins Leben ruft, wenn die Justiz in Sachsen diejenigen kriminalisiert, die sich friedlich gegen Nazi-Aufmärsche stellen, dann ist was faul im Land, und gerade wir in Sachsen haben doch gute Erfahrungen gemacht, wie man sich dagegen wehrt, wenn die Dinge aus dem Ruder laufen. Dabei ist es völlig egal, ob man Taxifahrer, Arzt, Lehrer oder Schlosser ist – oder ein Prinz.

Soweit die Kolumne des Semperoper-Magazins.

Um nochmal auf die Erotik der Macht zu kommen: Man könnte natürlich einwenden: »Du als Prominenter hast es ja leicht, mit vermeintlich wichtigen Personen zu diskutieren, aber was hat das mit meinem eigenen Leben zu tun?« Ich weiß: Es ist ein Privileg, mit Chefs zu reden, man hat zumindest die Illusion, Einfluss nehmen zu können. Doch mittlerweile habe ich, so glaube ich, gelernt, dass es wichtig ist, bei seiner Linie zu bleiben. Man kann mit jedem sprechen, auch wenn er anderer Meinung ist, aber man muss immer aufpassen, diesen Leuten nicht nach dem Mund zu reden. Erfahrungsgemäß sind Führungspersönlichkeiten immer von vielen Ja-Sagern umgeben, und vielleicht finden sie es ja auch nicht unangenehm, wenn jemand wie ich, der mit diesem ganzen Politik-Kosmos wenig zu tun hat, seine persönliche Sicht auf Dinge darlegt, widerspricht und dabei freundlich und konstruktiv bleibt. Und noch einmal: Irgendwas bleibt immer hängen.

5 »WER DEN KOPF AUS DEM FENSTER HÄLT, WIRD GEFÖHNT«

Ein Fehler, die Folgen und der beste Tipp meiner Mutter

Es war am 11. Januar 2016. Seit einem reichlichen Jahr spukten Montag- für Montagabend rechtsnationale »Patrioten« durch die Leipziger Innenstadt. LEGIDA – ein eher kleiner, übersichtlicher aber aggressiver Haufen, dem von Anfang an immer weit mehr Gegendemonstranten gegenüberstanden. Ziemlich genau ein Jahr zuvor hatten wir es geschafft, mit unglaublichen 30.000 Menschen klarzustellen, dass diese Leute in unserer Stadt nichts zu suchen hatten. Der Courage-Verein hatte abseits von unserem jährlichen Festival eine Bühne aufgebaut, auf der sich der Oberbürgermeister und einige andere Leipziger Bürger für eine weltoffene Stadt aussprachen. Verschiedene Chöre sangen mit Unterstützung unterschiedlicher Leipziger Musiker, und ich sang am Klavier mein Lied »Kein Mensch ist illegal«. Die beeindruckenden Bilder schafften es bis in die Hauptnachrichten der Mainstream-Medien, und Leipzig hatte mal wieder gezeigt, dass in dieser Stadt Weltoffenheit nicht nur eine leere Phrase ist.

Jetzt, ein Jahr danach, sollte vonseiten der »Patrioten« ein neuer Anlauf genommen werden. Die Gründer der Bewegung »Patriotische Europäer gegen die Islamisierung des Abendlandes«, kurz PEGIDA, hatten für diesen Tag die Dresdner »Patrioten«, die Montag für Montag auf dem Theaterplatz, dem ehemaligen »Adolf-

Hitler-Platz«, demonstrierten, nach Leipzig mobilisiert. Das linke Bündnis »Leipzig nimmt Platz« hatte ebenfalls mobilisiert – der Name war Programm. Friedliche Sitzblockaden waren geplant. Ein legitimes Mittel des zivilen Ungehorsams, natürlich gewaltfrei, das ist der Punkt, auf den meine Leipziger Freunde und ich sehr viel Wert legen. Ein Kreis um Christian Wolff, den ehemaligen Pfarrer der Thomaskirche, hatte das Bündnis »Willkommen in Leipzig« ins Leben gerufen – es gab und gibt verschiedene Initiativen, die sich in Leipzig für eine weltoffene Stadt einsetzen. Bei uns ist es auch die Stadt selbst, also das Rathaus, der Oberbürgermeister, die Stadtregierung und der Stadtrat, vor allem aber gibt es hier sehr klassisches bürgerschaftliches Engagement. Vereine, Kirchen, Gewerkschaften oder private Initiativen von Leuten, die genau dafür stehen: Gegen Nazis – das ist ein wichtiger, ein essenzieller Gedanke, aber wir stehen ja lieber für etwas: für eine Welt, in der die Menschen miteinander klarkommen. Natürlich für eine bunte, multikulturelle Gesellschaft, für Toleranz, auch wenn ich das Wort »Toleranz« nicht mag, weil es von dem lateinischen Wort »tolerare« stammt, das »ertragen« oder »erdulden« bedeutet. Ich möchte nicht ertragen oder erduldet sein, ich möchte bitte respektiert werden für das, was ich bin, oder – besser – was ich mache, wofür ich einstehe. Und in meinem Weltbild sollte dies für alle Menschen gleichermaßen gelten. Es geht um den Respekt gegenüber dem Anders-Sein. Es gibt so viele verschiedene Lebensentwürfe, so viele unterschiedliche Ideen, mit sich selbst und seinem sozialen Umfeld zurechtzukommen. Klar – wir können immer nach Dingen suchen, die uns voneinander unterscheiden, wir können immer nach Dingen suchen, bei denen wir unterschiedlicher Meinung sind. Du bist anders als ich, deshalb find ich dich doof! Es gibt aber eine viel bessere Idee: Wir könnten nach Gemeinsamkeiten suchen, nach Dingen, die uns miteinander verbinden, die wir zusammen erleben, die wir zusammen verwirklichen können. Und das Beste an der ganzen Sache ist: Das ist viel konstruktiver, da kommt viel mehr bei rum. Ganz unabhängig von Religion, ganz unabhängig von Hautfarbe oder von sexueller Orientierung ...

Wir standen also an diesem 11. Januar 2016, einem Montag, vor der Thomaskirche. Kerzen in der Hand, wie 1989. Rückblickend war es übrigens der Abend, an dem 200 Nazis die Wolfgang-Heinze-Straße im Leipziger alternativen Stadtteil Connewitz überfallen und verwüstet hatten. Aber das wussten wir zu diesem Zeitpunkt noch nicht. Ein Kamerateam kam auf mich zu, und der Reporter fragte mich, warum ich heute hier sei. Leipzig ist eine offene, bunte Stadt, wir stehen für eine Willkommenskultur – Refugees Welcome! So oder so ähnlich war meine Antwort, und dann kam die nächste Frage: »Lassen Sie die Ereignisse der Silvesternacht von Köln diesbezüglich nicht umdenken?«. Es wäre sicher klug gewesen, an dieser Stelle zu sagen: Was in Köln passiert ist, war schlimm, die Täter gehören bestraft und den Opfern dieser Übergriffe gehört unser Mitgefühl. Das hab ich leider nicht getan. Ich stand in einer Anti-PEGIDA-Demo, und das erste, was ich sagte, war, dass ich befürchte, dass die Ereignisse von Köln von der falschen Seite instrumentalisiert werden. »Wenn viele betrunkene, junge Männer zusammenkommen, können schlimme Dinge passieren, egal, wo sie herkommen.« Dieser Satz flog mir im Netz um die Ohren. Das ganze Interview war natürlich länger, aber veröffentlicht wurde eben nur ein kleines Stück. Für sich betrachtet könnte man diesen Satz vielleicht als eine Art Verharmlosung der Vorfälle missverstehen, wenn man so will.

Es war sicher nicht klug, auch wenn ich diesen Satz heute nach wie vor nicht falsch finde. Es war schlicht wirklich dumm gelaufen, und meine Worte hatte ich nicht mit Bedacht gewählt. Im Nachhinein bin ich manchmal noch erschrocken über die Wucht, die dieser eine Satz ausgelöst hat und frage mich: Sollte ich mich in Zukunft lieber doch zurückhalten und in der Öffentlichkeit besser meinen Mund halten? Nein – das wäre der falsche Rückschluss. In Zukunft werde ich sicher versuchen, noch eine Runde mehr nachzudenken, bevor ich den Mund aufmache. Dadurch geht zwar sicherlich die Spontanität vor die Hunde, aber so etwas darf mir nicht nochmal passieren. Es ist manchmal schwierig, die richtigen Worte zu finden, besonders in einer so emotional aufgeladenen Situation wie bei dieser Demonstration. Aber wenn ich mich, gerade zu politischen Themen, äußere, dann muss ich eben auch damit leben, Gegenwind zu bekommen. Oft bin ich genervt, wenn ich in Talkshows Politiker höre, die viel reden und dabei wenig sagen. Alles, was solche geschulten Medienprofis von sich geben, wirkt schablonenhaft, und viele Phrasen langweilen sicher nicht nur mich. Jedes einzelne Wort scheint genau durchdacht, jeder Satz, jede Geste, jeder Blick. Alles haben wir schon mal irgendwo gehört, und ich bin dankbar, wenn dann doch mal jemand zu Wort kommt, der die Dinge beim Namen nennt, jemand, den ich verstehe. Deswegen ist es sicher eine schwierige Gratwanderung, immer den richtigen Ton zu finden. Wenn ich als ersten Gedanken habe: »Hauptsache ich sage nichts Falsches«, dann lähmt mich das und ich gerate in die Falle dieser Künstlichkeit, die ich nicht mag. Wenn ich aber einfach emotional drauflosrede, dann kann eben so etwas passieren wie bei der Anti-PEGIDA-Demo in Leipzig. Deswegen ist es wohl wirklich das Beste, auf den Tipp meiner Mutter zurückzugreifen, den sie mir in meiner Kindheit gab: Erstmal bis zehn zählen und dann reden, aber klar in der Sache bleiben und möglichst freundlich.

Der Shitstorm, den ich nach der Anti-PEGIDA-Demo erlebt hatte, war ein richtiger, echter, ein verdammt verstörender. Ich hätte nie gedacht, dass mir so was so nahegehen kann. Wenn du solche Sachen liest, wenn du wüst als Sexist und Vergewaltigungs-Befürworter beschimpft wirst, dann macht das was mit dir. Wenn du übelste Beleidigungen liest, die irgendwo nicht nur irgendein, sondern viele hunderte hasserfüllter Menschen über dich und deine Familie auskippen, auskotzen ... anonym, die schlimmsten jedenfalls, aber teilweise auch mit Namen und E-Mail-Adresse. Nur ein Beispiel von vielen: »Ich wünsche mir, dass Sie und Ihre Familie mal so richtig bestialisch vergewaltigt werden, und das so lange, bis Sie wieder klar in der Birne sind.« So etwas lässt niemanden kalt. Ich bin erst mal drei Tage nicht rausgegangen und weiß noch, dass ich irgendwann ganz banal Milch und Brot kaufen musste und in den Supermarkt an der Ecke ging. Ich hatte mir eine Mütze aufgesetzt, um nicht sofort auf den ersten Blick erkannt zu werden und hatte Angst, von irgendwelchen wildfremden Menschen angespuckt oder beschimpft zu werden, was natürlich nicht passierte.

Das Schwierige ist jetzt, nicht rumzujammern. Ich weigerte mich hartnäckig, ein Opfer zu sein, ich war doch stark, ich kam doch klar mit allem ... Nein, in diesen Tagen kam ich gerade überhaupt nicht klar.

Eine gute Woche später war ich zu einer TV-Diskussion zu genau diesem Thema eingeladen. Diese Anfrage kam schon eine ganze Weile vor diesem Abend der Anti-Legida-Lichterkette. Ich hatte bereits zugesagt, zumal Anja Reschke, die Panorama-Journalistin des NDR mit in der Runde sitzen sollte. Diese Frau schätze ich sehr, weil sie mir beim Thema Flüchtlingsdebatte schon so oft aus dem Herzen gesprochen hat. Im November des Vorjahres war sie bei der Verleihung des sächsischen Förderpreises durch die Amadeu-Antonio-Stiftung dabei. Seit Jahren bin ich dort in der Jury aktiv. Es geht darum, Projekte und Vereine zu stärken und auszuzeichnen, die im Kampf gegen Rassismus und Fremdenfeindlichkeit immer mehr Unterstützung brauchen. Dort hatte ich sie persönlich kennen und schätzen gelernt und war nun froh, dass ich sie bei Frank Plasbergs »Hart aber fair«-Sendung wiedersehen würde. In der Diskussionsrunde saß übrigens auch Alexander Gauland, der stellvertretende Vorsitzende der AfD.

Ich wollte dieses Podium nutzen, um über meinen Shitstorm zu sprechen, wollte mich gleichzeitig bei denen entschuldigen, die ich durch meine Äußerungen beleidigt oder verletzt haben sollte (was ich auch auf meiner Webseite getan hatte), und ich muss ganz ehrlich sagen: Nach dieser Sendung fühlte ich mich besser. Mehr konnte ich jetzt nicht tun, alles, was ich machen konnte, war, mit dieser Situation so umzugehen, dass ich mit mir im Reinen war, und das war nach dieser TV-Sendung der Fall. Außerdem ist es immer wieder interessant, mit Menschen unterschiedlichster Meinungen zu diskutieren.

Ich habe nach der Live-Sendung (wenn bei einem Glas Wein und Schnittchen oft die interessanteren Gespräche stattfinden) Alexander Gauland angesprochen, ob er nicht manchmal denke: »Die Geister, die ich rief, werde ich nicht mehr los« – gerade, wenn er auf die Bühne einer AfD-Demonstration geht, unter den lauten »Lügenpresse – Volksverräter – Merkel-muss-weg«-Rufen. Anja Reschke stand neben mir, als er mir tief in die Augen sah und sagte: »Das sagt mir meine Tochter auch immer.« Ich wusste zuerst nicht, wie ich darauf reagieren sollte, sagte dann aber, dass ich es gut fände, wenn er in Zukunft mehr auf seine Tochter hören würde. Immer wieder, wenn ich Politiker oder andere Menschen, die in der Öffentlichkeit stehen, rechtskonservative oder schlicht rassistische Dinge sagen höre, frage ich mich, warum sie das tun. Ich unterstelle ihnen ja zunächst mal eine gewisse Portion Intelligenz. Ich glaube bei solchen Leuten nicht an verbale »Ausrutscher« – bei dem legendären »Schießbefehl-Post« von der AfD-Frau Beatrix von Storch hieß es ja danach, sie sei auf der Computer-Maus abgerutscht und hat sich »verklickt«. Quatsch – ich bin davon überzeugt, dass sehr vieles klar kalkulierte Provokationen sind – eine

Art auschecken, wie weit man gehen kann. Erst mal was raushauen, was für Aufmerksamkeit sorgt und dann notfalls zurückrudern. Diese Form von plumpem Populismus ist gefährlich, und ich habe mir vorgenommen, immer, wenn ich so etwas beobachte, reinzugrätschen. Wer am lautesten schreit, bekommt die Aufmerksamkeit – das ist eine alte Wahrheit. Aber dieses laute Poltern, dieses widerliche Fischen am rechten Rand, dieses Spielen mit den Ängsten der Haltlosen und Verunsicherten, das kann man bloßstellen, man kann und sollte solche Äußerungen immer wieder durchleuchten und hinterfragen, denn nur so kann man erreichen, dass diese Leute durchschaut werden.

Mathias, unser Bassgitarrist, sagt immer: »Wer den Kopf aus dem Fenster hält, wird geföhnt« – er sagt das übrigens auch klar in meine Richtung. Er, und übrigens auch der Rest der Band, finden nicht immer alles gut, was ich öffentlich von mir gebe. Das ist logisch, weil wir eben unterschiedliche Persönlichkeiten mit teilweise unterschiedlichen Anschauungen und Überzeugungen sind, wenngleich es natürlich immer große Schnittmengen gibt. Wenn ich etwas in ein Mikrofon oder in eine Kamera sage, dann ist es oft so, dass die Öffentlichkeit darin die Meinung der gesamten Band sieht. Das kann ich nicht ändern. Ich kann auf jeden Fall nicht daraus schließen, dass ich mich in Zukunft nicht mehr zu Dingen äußere, die mir wichtig sind. Klar – es gibt Leute, die mir sagen: Sing du mal lieber und halte ansonsten den Mund, vor allem: Halte dich aus der Politik raus. Aber das ist für mich keine Lösung. Vielleicht gerade mit der Erfahrung vom Herbst 1989, als wir in der damaligen DDR gelernt haben: Wir können etwas verändern, sollten wir doch wissen, dass es nicht o.k. ist, sich rauszuhalten. Demokratische Grundwerte, für die die Menschen damals gestritten haben, sind keine Selbstverständlichkeit. Dass wir so frei und sicher leben können, wie wir es tun, ist kein Selbstläufer. Wir spüren, dass sich etwas verändert, dass der Ton schärfer wird und der Wind eisiger und rauer. Gerade in diesen bewegten Zeiten sollten wir immer wieder daran denken, dass wir selbst es sind, die sich darum kümmern sollten, in was für einer Welt wir leben wollen. Wenn wir damit aufhören, dann werden wir die Quittung bekommen, davon bin ich fest überzeugt, davon kann ich sozusagen ein Lied singen, und das werde ich tun, solange ich dazu in der Lage bin.

6

»MANCHMAL ERSCHRECKE ICH MICH VOR MIR SELBST«

Drugs and Weapons, eine Reise nach Kuba und ein geklautes Fahrrad

Januar 2000 – wir wollten mit der Band mal wieder ein neues Album vorbereiten. Zwei Jahre zuvor waren wir dafür mit unserem Bandbus nach Sizilien gefahren, und jetzt war unser Ziel Havanna. Kuba schien uns ein inspirierender Ort zu sein, und wir flogen von Leipzig aus mit allerlei Instrumentarium und Computer-Aufnahme-Technik los. Wir freuten uns auf das für jeden von uns bis dahin unbekannte Land, hatten allerdings nicht bedacht, dass dieses bei uns ehemaligen DDR-Bürgern an einigen Stellen eher unangenehme Erinnerungen hervorrufen würde.

Natürlich war das Klima herrlich, das Meer, die Strände, die Sonne, vor allem die Musik, die an allen Straßenecken Havannas gemacht wurde, und wir erlebten jede Menge interessanter, inspirierender Sachen. Allerdings spürten wir immer wieder, dass dieses System dem ähnelte, das wir 1989 hinter uns gelassen hatten. Im legendären Hotel National durften nur Touristen ein und aus gehen, Einheimischen war der Zutritt verwehrt, und auch an anderen Stellen war die Zweiklassengesellschaft deutlich spürbar. Wer Dollars hatte, war der King und wurde überall bevorzugt behandelt, es gab lange Warteschlangen an Geschäften, und manchmal fühlten wir uns beobachtet und regelrecht verfolgt von zwielichtigen Gestalten, die wohl einem Stasi-ähnlichen Sicherheitsdienst anzugehören schienen. Ich will nicht ungerecht sein – Kuba ist ein wunderschönes Land mit ungemein freundlichen Menschen, aber diese Flashbacks beschäftigten uns schon, was dann dazu führte, dass unser Blick ab und zu sehnsüchtig übers Meer in Richtung Miami/Florida wanderte und wir uns nach reichlich zwei Wochen nicht unbedingt traurig auf die Heimreise machten.

Am Flughafen Havanna wurden wir, ein Haufen schräger Vögel mit bunten Haaren und noch bunteren Klamotten, von den Zöllnern argwöhnisch beäugt. Unser Gepäck wurde kontrolliert, jede einzelne Tasche musste geöffnet werden, und die Zollbeamten behandelten uns nicht besonders freundlich. Ich war an eine finster dreinblickende Frau geraten, die mir unwirsch befahl, Koffer und Taschen zu öffnen. In meinem Rucksack hatte ich eine Gitarre verstaut, der Hals guckte oben raus, so dass jeder sehen konnte, was ich transportierte. Ich war schon ziemlich genervt, als mich die Dame fragte, was da denn drin sei: »What's inside this bag?«, knurrte sie mich an, und ich antwortete in einem ähnlich freundlichen Ton: »Drugs and weapons.« Das hätte ich lieber nicht tun sollen, dachte ich im nächsten Moment, denn plötzlich standen mehrere schwer bewaffnete, aufgeregte uniformierte Kubaner um mich rum und bedeuteten mir, ihnen zu folgen. Das fand ich in diesem Moment nicht lustig. Instinktiv griff ich an meine Gesäßtasche, in der sich mein Pass befand und sagte mir: Was soll schon passieren? Sie führten mich in einen Raum und befahlen mir, meine beiden Taschen und den Rucksack vollständig auszupacken. Neben der Wäsche kam jede Menge Technik zum Vorschein: Kopfhörer, Mikrofone, ein Minikeyboard, Effekt-Geräte, verschiedene Midikabel und anderes Computerzubehör. Ich musste erklären, was das alles für Gerätschaften waren, und mir wurde immer unbehaglicher zumute. Zu guter Letzt musste ich mich bis auf die Unterhose ausziehen, alles wurde akribisch durchsucht, was ganz schön lange dauerte. Irgendwann wurde ich dann zum Abflug-Gate gebracht. Die Maschine hatte glücklicherweise gewartet, meine Bandkollegen empfingen mich erleichtert mit Applaus, und wir konnten endlich, mit etwas Verspätung und natürlich ohne Drogen und Waffen im Gepäck in Richtung Europa starten.

Aus heutiger Sicht würde ich so einen Spruch sicher nicht mehr machen. Kurz nach diesem Erlebnis flogen zwei Flugzeuge in die New Yorker Twin-Towers, und das veränderte die Welt. Als wir einige Tage nach dem 11. September 2001 mit der Band mal wieder mit dem Flugzeug unterwegs waren, ließen wir die verschärften Sicherheitskontrollen ohne Murren und Knurren über uns ergehen, denn wir alle spürten diese diffuse Angst vor einem terroristischen Anschlag. Noch schlimmer: Ich ertappte mich bei einem dieser Flüge kurz nach Nine-Eleven dabei, dass ich arabisch aussehende Fluggäste misstrauisch beäugte, was mir im selben Moment peinlich war.

Aber dieses Gefühl war in diesen Tagen da, und ich glaube, es ging allen irgendwie ähnlich. Die Bilder der Attentäter waren allgegenwärtig. Sie waren unter der Schlagzeile »Der Feind hat ein Gesicht« ins kollektive Gedächtnis eingebrannt, ob wir wollten oder nicht. Und – wie gesagt – wenn wir einen arabisch aussehenden Menschen sahen, kam reflexhaft und ganz automatisch die Angst: Was hat der wohl unter seinem Umhang oder in seiner Tasche. Damals habe ich weniger hinterfragt, dass solche Gedanken rassistisch sind. Die Angst war geschürt, sie war da. Wir alle mussten erst lernen, damit umzugehen. Dass diese Phase bis heute andauert, wird mir gerade klar. Die Situation damals war neu und ungewohnt.

Und heute, in einer Zeit, in der Rassismus wieder en vogue zu werden scheint, in der auch immer öfter mehr oder weniger rassistische Kommentare nicht nur durch die sozialen Netzwerke, sondern auch durch die so genannten Mainstream-Medien geistern, frage ich mich, wie es so weit kommen konnte. Hatten wir das nicht eigentlich alles schon längst überwunden? Als wir kürzlich mit dem großartigen TV-Format »Sing meinen Song« in Südafrika waren, wurde mir mal wieder klar, dass die Zeit der Apartheid gerade mal ein Vierteljahrhundert zurückliegt. Als Nelson Mandela endlich aus dem Gefängnis entlassen wurde und südafrikanischer Staatspräsident wurde, schien doch eigentlich alles, was mit Rassismus zu tun gehabt hatte, Schnee von gestern zu sein. Leider müssen wir heute feststellen, dass das ein Irrtum ist, leider müssen wir heute zur Kenntnis nehmen, dass diese Form der Diskriminierung nach wie vor, oder besser: wieder an der Tagesordnung ist. Nicht irgendwo, weit weg von uns, nein – mitten unter uns kommen rassistische Denkweisen wieder ans Licht.

Einerseits erschrecke ich manchmal, wenn ich so etwas bei anderen höre, andererseits ertappe ich mich selbst dabei, nicht frei von rassistischen Vorurteilen zu sein. Das klingt hart, aber es passiert mir leider selber immer wieder. Erst vor ein paar Monaten war es mal wieder so weit. Es war nachts, nach einem Club-Konzert der Toten Hosen im Conne Island, dem coolsten Laden, den wir in Leipzig haben, ein soziokulturelles, linkes Jugendzentrum, in dem viel Live-Musik stattfindet. Die Hosen hatten zwei Tage vorher vor 70.000 Fans auf der Leipziger Festwiese gespielt, ich hatte das verpasst, weil wir selbst unterwegs waren, und freute mich, die Band nun in diesem kleinen Rahmen zu sehen. Es war ein fantastisches Konzert. Danach war natürlich noch Party angesagt, und ich war einer der letzten, die den Laden verließen. Ich war mit dem Fahrrad gekommen und suchte vergeblich danach – es war wohl geklaut worden, was schon ärgerlich genug war. Noch mehr ärgerte ich mich in dieser Nacht allerdings über mich selbst. Wie gesagt – ich war fast der letzte – irgendwo saßen noch ein paar betrunkene Punks rum und ich suchte mein Fahrrad. Ein junges, dunkelhäutiges Mädchen kam um die Ecke, schloss ihr Fahrradschloss auf und wollte losfahren. Ich fragte sie, ob sie eine Ahnung hätte, ob hier irgendwo noch Fahrräder rumstünden, meins sei weg ... Sie sah mich an und reagierte nicht wirklich auf meine Fragen. Ich war unsicher und dachte, dass sie mich vielleicht nicht versteht und fragte: »Verstehst du mich? Sprichst du deutsch? Do you speak englisch?« Sie schien das völlig dämlich zu finden und antwortete in feinstem Sächsisch: »Na prima – willste mich jetzt auch noch fragen, ob ich aus dem Busch komme?!« Hm – dumm gelaufen, logischerweise nicht böse oder gar rassistisch gemeint, aber eben genau so angekommen. Sie war definitiv eine Leipzigerin, mindestens aus der Gegend, und wer weiß, wie oft sie sich schon anhören musste, dass sie ja wirklich gut deutsch spreche, so, wie sie aussieht. Klar, das nervt, das würde mich genau so nerven.

Noch schlimmer zu diesem Thema, noch beschämender war für mich folgende Situation. Vor ein paar Wochen war ich wieder mal bei einem der legendären Krumbiegel-Familienfeste. Es war die Taufe meiner Nichte, natürlich in der Leipziger Christuskirche. Die ganze Verwandtschaft war anwesend, und wir warteten vor der Kirche, dass es endlich losging. Am Gemeindehaus kam ein dunkelhäutiger junger Mann zum Tor hinein und sah sich unsicher um. Ich hatte plötzlich ein ungutes Gefühl. Was machte der denn hier, der gehörte nicht dazu, irgendwas schien hier faul zu sein. Ich muss allerdings dazu sagen: Das war kurz nach einem der ersten Terroranschläge in Deutschland, der Typ mit der Axt im Zug, und am Vortag war dieser katholische Priester in Frankreich von zwei Islamisten in seiner Kirche ermordet worden. Diese Gedanken flogen mir spontan durch den Kopf, als sich der Junge zu mir umdrehte und freundlich fragte, wo denn mein Neffe sei. »Wir haben gerade zusammen Abi gemacht und er hat mich eingeladen, weil er heute hier Cello spielt.« Mein Kopfkino hatte zwar niemand bemerkt, aber ich war über mich selbst erschrocken. Ja, ich schämte mich, solche Gedanken gehabt zu haben, nur weil da einer war, der anders aussah. Und mir war dann plötzlich klar: Das grenzt an Rassismus, und selbst ich mit meiner sehr klaren Haltung dazu bin nicht frei davon.

Es imponiert mir immer wieder, wenn ich von Leuten höre, die dazwischengehen, wenn jemand beleidigt wird. Ich selbst habe mir auf die Fahnen geschrieben, genau das zu tun. Wenn Sprüche gemacht werden, auch, oder vor allem, wenn sie dann noch mit dem Zusatz »Hey entspann dich – ist doch nur Spaß« versehen werden, dann grätsche ich rein, dann bin ich gern die »Spaß«-Bremse.

Mit Worten geht es los, und wenn jemand in meiner Gegenwart zweifelhafte Vokabeln gebraucht oder sich abfällig über Leute äußert, die anders sind als der Mainstream, dann ist es falsch, das so stehen zu lassen. Rassismus ist ein großes, ein hartes Wort. Es beschreibt genau das, was wir in letzter Zeit wieder mehr und mehr beobachten können. Ich meine nicht vordergründig die Hetzparolen der Rechtspopulisten auf Wahlplakaten oder in Talkshows. Ich meine dieses kaum zu bemerkende, perfide Gift, das sich in den alltäglichen Umgang miteinander schleicht. Am meisten in sozialen Netzwerken oder den Kommentarspalten unter Artikeln im Netz, aber auch im ganz normalen, realen Leben. Auf dem Schulhof, in der Straßenbahn, im Supermarkt, selbst im Freundes- oder Bekanntenkreis – Rassismus scheint in diesen bewegten Zeiten wieder salonfähig zu werden.

Was ist passiert? Eigentlich bin ich ein Optimist, eigentlich glaube ich, bei allem, was um uns herum passiert, an das Gute im Menschen, aber seit gar nicht so langer Zeit befürchte ich einen schlimmen Rückfall in finstere Zeiten. Nicht nur in meiner Nachbarschaft, in Sachsen, in Deutschland, auch in Ungarn, Österreich,

Polen, Frankreich, den Niederlanden bis hin zu der aktuellen Wahl in den USA sind Entwicklungen zu beobachten, die in eine Richtung führen, die den Errungenschaften unserer aufgeklärten, modernen Demokratie entgegenzuwirken scheinen.

Und wenn ich darüber nachdenke, dann bin ich schnell wieder an derselben Stelle, nämlich, dass es unterm Strich an uns selbst liegt, uns darum zu kümmern, in was für einer Welt wir leben wollen. Die folgerichtige Konsequenz sollte jedem klar sein. Wenn wir in unserem Umfeld Rassismus, Antisemitismus, Sexismus oder Homophobie nicht haben wollen, dann sollten wir dafür sorgen, dass diese Dinge immer wieder beim Namen genannt und verurteilt werden, wir selbst müssen etwas tun, wer soll es denn sonst machen?

»ICH GLAUBE AN DIE LIEBE« 7

Bibelrüstzeit, glibbriger Gulasch und ein letztes Gebet
Das letzte Mal, als ich gebetet habe, war ich zehn Jahre alt. Ich meine nicht die aufgesagten Sprüche vom Familientisch »Komm Herr Jesus, sei unser Gast und segne uns und was du uns bescheret hast«, oder die allabendlichen »Lieber Gott, mach mich fromm, dass ich in den Himmel komm«, ich meine auch nicht das mechanisch aufgesagte Vaterunser in der Thomaskirche – nein, in dieser Nacht habe ich richtig ehrlich, inständig und voller Hoffnung und den Glauben an Erlösung gebetet, denn es ging mir schlecht, ich fühlte mich ungerecht behandelt, war ernsthaft verzweifelt, hatte höllische Bauchschmerzen, und – ich war in einer Kirche.

Es war im Sommer 1976. Gerade hatte ich meine Aufnahmeprüfung für den Thomanerchor bestanden, war mächtig stolz, bald dazugehören zu dürfen und freute mich auf zwei Wochen, in denen ein Teil des Chores zur Bibelrüstzeit nach Mecklenburg reisen würde. Noch war ich kein Thomaner, aber mein großer Bruder war es schon seit drei Jahren, und genau aus diesem Grunde durfte ich als einziger aus dem neuen Jahrgang dabei sein. Ich war der Jüngste, das Nesthäkchen, und ich hatte meinen Bruder als Beschützer dabei. Es ging mit dem Bus an die Müritz, und für mich war die gesamte Reise von Anfang an wie ein einziger Abenteuerurlaub. Wir wohnten in einer Kirche. Das war sehr cool, Teile des Dachstuhles waren umgebaut in eine Art Jugendherberge, mit Aufenthaltsräumen, Toiletten, Waschgelegenheiten und Schlafsälen. Wir haben im Pfarrgarten Federball gespielt, es gab einen herrlichen Steg direkt am See, dort haben wir gebadet, gepaddelt und geangelt. Es war immer Action, wir haben Skat, Tischtennis, Fußball, Volleyball oder Schach gespielt, es wurde immer viel gesungen, und es wurde natürlich immer viel gebetet. Es gab regelmäßig Andachten, Gottesdienste und Bibelstunden. So, wie es sich eben für einen kirchlichen Chor bei einer Bibelrüstzeit gehört.

Heute denke ich darüber nach, dass das, was ich damals erlebt habe, sicher eine Art traumatisches Erlebnis ist. Wir saßen alle zusammen beim Mittagessen

– 20, vielleicht 30 Jungs zwischen zehn und 14 Jahren – und der Christenlehre-Lehrer. Das Essen war, ähnlich wie später im Alumnat des Thomanerchores eigentlich immer ganz lecker. An diesem Tag gab es Gulasch, ich weiß es noch ganz genau. Ich weiß nicht mehr, ob ich einfach nur keinen Hunger oder Appetit hatte oder ob ich dieses Essen wirklich nicht mochte. Vielleicht war es eine Mischung aus beidem, ich wollte meinen Teller auf jeden Fall nicht leer essen. Der Katechet, oder eben Christenlehre-Lehrer (ich möchte ihn hier nicht beim Namen nennen, ich nenne ihn jetzt einfach mal »den Theologen«) hat mich aber aufgefordert, genau das zu tun. Er stand streng neben mir und sagte, dass ich den Tisch nicht verlassen dürfe, bevor ich aufgegessen hätte. Ich habe mich wahnsinnig geekelt, habe verzweifelt versucht, dieses glibberige, mittlerweile kalte Zeug runterzuwürgen, und ich habe es gehasst. Große Klumpen fettigen, zähen, knorpeligen Fleisches sahen mich herausfordernd von meinem Teller aus an, und ich stopfte brav Bissen für Bissen in mich hinein, würgte es irgendwie runter. Kaum war der Teller leer, habe ich alles über den Tisch gekotzt.

Vor aller Augen, und ich habe mich dabei logischerweise nicht gut gefühlt. Wie genau erinnere ich mich wirklich daran? Was habe ich vergessen oder, wie man so schön sagt, verdrängt? Ich weiß jedenfalls noch, dass ich unter Tränen rausgerannt bin und dass ich mich wahnsinnig geschämt habe.

Gebetet habe ich später, in der Nacht, als ich nicht schlafen konnte. Wie gesagt, wir schliefen in der umgebauten Kirche, auf Pritschen und Feldbetten. Der Zugang zu den Schlafsälen war über den Kirchturm, und das war schon ziemlich schräg. Als ich später die Harry-Potter-Bücher las oder die Filme sah, dachte ich manchmal: So ähnlich war die Marienkirche in Röbel an der Müritz. Alles ein paar Nummern kleiner, aber das Ambiente war vergleichbar – einerseits ehrwürdig, alt und geschichtsträchtig und doch irgendwie auch Ferienlager-mäßig. Die Kirchturm-Wendeltreppe war sehr steil und eng, und als »Geländer« war in der Mitte ein dickes Seil angebracht, an dem man sich festhalten konnte. Das hat Spaß gemacht, vor allem beim Runtergehen – man konnte herrlich um die engen Kurven fliegen. In dieser Nacht, nach meinem Kotzen am Tisch, als sich mein Magen zusammenkrampfte und ich nicht mehr weiterwusste, war ich froh, dass die Steine dieses Kirchturmes so herrlich kalt waren. Meine Bauchschmerzen waren unerträglich, ich fühlte mich elend und verlassen, und ich fing an zu beten. Ich klammerte mich an das Seil der Wendeltreppe im Kirchturm, presste meinen Bauch an die wunderbar kalten Backsteine und betete, dass das bitte aufhören möge, damit ich endlich in mein Bett gehen und einschlafen könnte. Ich war erschöpft, ich war fertig, und ich hatte nicht das Gefühl, dass das Beten mir in dieser Nacht dabei geholfen hat, Ruhe und Schlaf zu finden.

Dieser Leipziger Theologe war über lange Jahre hinweg für die Christenlehre, oder wie es offiziell hieß, für den kirchlichen Unterricht der Thomaner zuständig. Wir gingen, nach Jahrgängen gestaffelt, zu seinen Bibelstunden, die Jüngeren nachmittags, die Älteren gegen Abend. Ich konnte ihn, rückblickend kann ich das so klar sagen, aus verständlichen Gründen von Anfang an nicht leiden. Aber es war Usus, zu ihm zu gehen. Die wenigsten haben nicht daran teilgenommen, man gehörte nicht so richtig dazu, wenn man sich dem und damit ihm entzog. Fast alle waren dabei. Einmal in der Woche ging man um die Ecke des Internates von der Hillerstraße in die Schreberstraße, hörte ihm zu und diskutierte in der Runde seiner Klassenstufe biblische Inhalte. Ich habe eine Weile gebraucht, zu verstehen, dass mir dieser Mensch nicht gut tut, aber in der neunten oder zehnten Klasse war ich dann so weit. Ich weiß nicht mehr, warum wir so heftig aneinandergeraten waren, aber ich bin daraufhin dann jedenfalls einfach nicht mehr hingegangen und fand mich dabei fast schon mutig. Dieser Mann war nicht gut für mich, das habe ich gespürt.

Erst nach meiner Thomanerzeit, als ich erfuhr, dass einige meiner Klassenkameraden, die ihm all die Jahre hinweg treu ergeben und, wie ich später hörte, regelrecht verfallen waren und dadurch psychische Probleme bekommen hatten, habe ich das alles halbwegs verstanden. Es muss teilweise fast sektenhaft zugegangen sein, er hatte einige Jungs gut im Griff, es war eine gefährliche Hörigkeit. Als ich mich damals von ihm abwandte, war ich froh und sogar ein bisschen stolz, denn es war gegen alle Regeln. Ich hatte gerade »Tim Thaler oder Das verkaufte Lachen« von James Krüss gelesen, und für mich war dieser Mann der Figur des »Lefuet« erschreckend ähnlich. Diesen Namen musste man nur rückwärts lesen, dann wusste man, mit wem man es zu tun hatte. Ich war froh, dass ich es geschafft hatte, mich von ihm zu lösen. Mein Bruder hat irgendwann auch durch ihn Probleme bekommen. Ich erinnere mich daran, dass wir, zusammen mit unseren Eltern, zuhause im Wohnzimmer saßen und mein Bruder, mein großer Bruder, bitterlich weinte. Immer wieder fiel der Name des Theologen. Mein Bruder, zehnte oder elfte Klasse, für mich immer ein Vorbild und Beschützer, war am Boden zerstört – durch diesen Mann.

Er hatte einen dermaßen großen Einfluss auf das Denken und Handeln einiger Thomaner, dass einige Betroffene rückblickend noch heute von Hörigkeit sprechen. Das hatte übrigens nichts mit Sexualität zu tun. Ich sage das deswegen, weil man bei einem Knabenchor auf solche Ideen kommen könnte, nach allem, was in den letzten Jahren über vergleichbare Internate oder Schulen ans Licht gekommen ist. Nein – diese Abhängigkeitsverhältnisse zwischen Schüler und Lehrer hatten viel mehr mit dem Erziehungssystem im Thomanerchor zu tun. Die Älteren, die elfte und zwölfte Klasse, bekamen von heute auf morgen Verantwortung auferlegt, mit der einige nicht wirklich umgehen konnten. Ich schließe mich da unbedingt ein. Wenn du als 16-Jähriger Jüngere bestrafen musst (oder darfst!), dann ist das nicht leicht. Ich habe damals William Goldings »Herr der Fliegen« gelesen, die Geschichte von Jungs zwischen sechs und zwölf, die nach einem Flugzeugabsturz auf einer verlassenen Insel ohne Erwachsene plötzlich auf sich selbst gestellt sind und anfangen, gegeneinander zu kämpfen. Natürlich hinkt der Vergleich, weil man diese Extremsituation im Buch nicht mit dem Internatsleben gleichsetzen kann. Aber auch wir Thomaner lebten mehr oder weniger abgeschottet von der Außenwelt und hatten unsere eigenen Regeln. Als verantwortliche Erwachsene gab es im »Kasten«, wie wir das Internat liebevoll nannten, neben dem Thomaskantor und dem Chordirektor einen Erzieher, der bei den pädagogischen Aufgaben von der »Obernschaft«, also der elften und zwölften Klasse, unterstützt wurde. Und die wichtigste Bezugsperson außerhalb des Internates war für die Mehrzahl der Thomaner eben jener Theologe. Mit persönlichen Problemen ging man zu ihm, was dazu führte, dass er jeden Einzelnen gut kannte, sicher einigen auch oft geholfen hat, durch schwere Zeiten zu kommen, aber dieses Wissen um die seelischen Abgründe nicht nur positiv genutzt hat.

Ich weiß noch, wie er mich einmal in der Runde anbrüllte und vor aller Ohren etwas preisgab, was ich ihm im Vertrauen erzählt hatte. Ich mochte ihn nicht und habe mich nach einigen solcher Situationen zeitig genug von ihm abgewandt. Wiedergesehen habe ich ihn später niemals – das wollte ich auch nicht. Ich hatte mit ihm abgeschlossen und weiß rückblickend doch, dass er in meiner Kindheit einige Weichen gestellt hat. Für mich ist er jedenfalls ganz sicher ein ausschlaggebender Punkt, warum ich mich immer mehr von diesen religiösen oder besser protestantisch-christlichen Ideen oder Gedanken und Gefühlen abwandte, was dann folgerichtig dazu führte, dass ich irgendwann aus der Kirche ausgetreten bin. Der letzte Tropfen, der für mich bei dieser Entscheidung das Fass zum Überlaufen brachte, kam aber viele Jahre später.

Als Thomaner hörten wir jede Woche mindestens zwei Predigten während der Motetten in der Thomaskirche, die wir musikalisch umrahmten. Jeden Freitag um

18:00 Uhr, jeden Samstag um 15:00 Uhr und alle zwei Wochen Sonntagmorgen zum Gottesdienst. Manche Predigten waren lehrreich und sogar irgendwie unterhaltsam, andere wiederum haben mich gelangweilt oder sogar genervt. Vor allem das immer wiederkehrende »Betteln« um die Kollekte am Ende der Predigt, bei dem in ermüdender Beharrlichkeit immer wieder darauf hingewiesen wurde, dass Geld benötigt werde »für die bauliche Erhaltung unserer Thomaskirche«, dass es doch schön wäre, wenn es im Klingelbeutel nicht nur klingeln würde, sondern auch rascheln.

Am 2. Oktober 1989, jenem Montagabend, als ich mit ansah, wie die Polizei die Demonstranten der Friedlichen Revolution zusammenknüppelte, haben viele Menschen versucht, in der Thomaskirche Schutz zu suchen, doch diese hielt ihre Türen verschlossen. Mehr noch – meine Eltern, die zum Friedensgebet drin gewesen waren, erzählten mir, dass der damalige Pfarrer seine Gemeinde aufgefordert hatte, nicht an der Demo teilzunehmen, sondern friedlich nach Hause zu gehen. Aber als ich später erfuhr, dass die Kirchentüren verschlossen waren und verschlossen blieben, als Menschen dagegenhämmerten, um reinzukommen, damit sie nicht zusammengeknüppelt und abtransportiert wurden, spätestens dann war mir klar, dass ich mit dieser Kirche nichts mehr zu tun haben wollte.

Ich wurde getauft, konfirmiert und trat dann, kurz nach den Ereignissen bei der Friedlichen Revolution, aus. Heute sehe ich das alles vielleicht etwas weniger emotional, bin aber trotzdem froh, diesen Schritt gemacht zu haben.

Christian Führer, der ehemalige Pfarrer der Nikolaikirche, der von vielen Leipzigern als »Vater der Friedlichen Revolution« verehrt wird, den ich seit den 90er-Jahren bis zu seinem Tod 2014 bei vielen Aktionen gegen Nazis und gegen den Irak-Krieg begleitet habe, war ganz erstaunt, fast entsetzt, dass ich kein Kirchenmitglied mehr war und sagte mir mehrmals, dass ich doch bitte zu ihm kommen möge, wenn ich es mir wieder anders überlegen sollte. Auch mein Vater war damals verärgert und enttäuscht, aber diese Entscheidung war für mich folgerichtig, und ich habe sie nie bereut. Andererseits arbeite ich heute viel mit der Kirche zusammen, habe oft Lesungen in Kirchen veranstaltet, mit der Band machen wir ganze Touren durch Kirchen und genießen das sehr. Ich war zweimal Schirmherr der ökumenischen Friedensdekade und unterstütze auch die Caritas. Das ist für mich kein Widerspruch.

Ich denke, dass die Kirche für viele Menschen ein wichtiger Bestandteil ihres Lebens ist, dass viele dort einen Halt finden, dass sie gerade in sozialen Bereichen große Verdienste hat. Es liegt mir fern, irgendjemanden negativ zu missionieren, geschweige denn zum Austritt zu überreden. Ich möchte allerdings auch selbst von niemandem missioniert werden. Ich habe eine Entscheidung gefällt, dafür hatte ich meine Gründe, und ich denke, wir alle sollten die nötige Portion Toleranz aufbringen, miteinander klarzukommen, unabhängig davon, an welchen Gott wir glauben, oder ob wir ganz ohne Gott oder Kirche zurechtkommen. Religion wird immer ein Teil des Lebens bleiben, überall auf der Welt, aber nur wenn wir es schaffen, keinen Anspruch auf den einzig wahren Gott zu erheben, wenn wir es schaffen, andere Religionen oder eben auch Atheisten zu respektieren, dann haben wir die Chance, friedlich miteinander klarzukommen. In den 90ern habe ich ein Lied gemacht, das bringt es für mich eigentlich nach wie vor auf den Punkt.

Ich glaube an die Liebe
Und ich glaub, ich glaub an Gott
Ich glaub an gutes Essen
Und vor allem ans Kompott
Ich glaube nicht an Kompromisse
Ich glaub erstmal an mich
Und wenn du auch an was glaubst
Glaub ich auch an dich
Glaub nicht, dass ich dir alles glaube
Auch wenn ich dir sage
Dass ich glaube, die Betrachtung
Der Sache ist 'ne Glaubensfrage
Glaub mir, 'nen Glaubenskrieg
Würd ich mir nie erlauben
Denn ich glaube, nein ich weiß:
Es ist gut an was zu glauben.

8 »HIER IST DAS ERSTE DEUTSCHE FERNSEHEN MIT DER TAGESSCHAU«

Elternhaus, Jugendweihe, Konfirmation und der schönste Junge aus der DDR

Neben der Musik spielte Politik in unserer Familie immer eine große Rolle. Wenn wir als Kinder am frühen Morgen vor der Schule zum Frühstückstisch kamen, plärrte die typische, unverkennbare Nachrichtensprecher-Stimme des Deutschlandfunks aus dem kleinen Küchenradio. Aktuelle politische Themen wurden diskutiert, nicht vordergründig, nicht als Lehrstunde, sondern ganz normal, fast nebensächlich. Meine Eltern sprachen darüber, und wir hörten eben zu oder stellten Fragen, wenn wir irgendwas nicht verstanden. Die Tagesschau eröffnete an jedem Tag den Fernseh-Abend. Bis dahin mussten wir Kinder entweder im Bett sein, oder später dann, als wir alt genug waren, durften wir dabei sein, wenn um 20:00 Uhr der Gong ertönte: »Hier ist das Erste Deutsche Fernsehen mit der Tagesschau« – das war gewissermaßen ein Pflichttermin. Ein Familien-Ritual. Manchmal las unser Vater uns am Wohnzimmertisch Briefe eines Freundes aus Budapest vor, ein Ungar, der sehr hart mit dem real existierenden Sozialismus ins Gericht ging, der von der DDR als »Deutsche Dreckographische Räuberbande» sprach, der die Ereignisse des Volksaufstandes im Polen der frühen Achtzigerjahre feierte und die «unverbrüchliche Freundschaft der Sowjetunion mit ihren sozialistischen Brudervölkern» infrage stellte, der überhaupt die ganzen Slogans, die überall auf roten Bannern die Städte und Dörfer dominierten, messerscharf analysierte und verurteilte.

Auch wenn Freunde meiner Eltern aus Studienzeiten zu Besuch waren, wurde offen geredet, und wir Kinder waren dabei. Natürlich war es ein ungeschriebenes Gesetz, dass diese Gespräche in unseren vier Wänden blieben. Ende der Siebziger – geschweige denn in den Achtzigerjahren war es nicht mehr so, dass die Schulkinder vom Lehrer »ausgehorcht« wurden, ob zuhause Westfernsehen geschaut wurde. Auf den Schulhöfen tauschten wir uns rege über die letzte »Wetten, dass«-Sendung aus. Amerikanische Serien wie »Dallas« oder »Bonanza«, die Musiksendung »Formel Eins« oder die letzte Fernsehshow von »Otto« waren Gesprächsthemen in der Schule. Wir fühlten uns also nicht wie verschwörerische Dissidenten, wussten aber, dass politische Überzeugungen, die von der offiziellen Meinung abwichen oder diese sogar infrage stellten, nichts im Staatsbürgerkunde-Unterricht verloren hatten. Es war eher eine Vorsicht, weniger eine Angst, die uns umtrieb. Und es war eine kritische Wachheit, die unsere Eltern uns mitgaben.

Das prägt natürlich, und wahrscheinlich war ich auch deshalb schon als Kind aus Prinzip immer irgendwie »gegen das System«, war aber ganz sicher kein Oppositioneller, keiner, der sich aktiv gegen die vorherrschenden Zustände auflehnte. Es war eher ein stiller Protest, eine Haltung, die auch bei den meisten meiner Klassenkameraden vorzuherrschen schien.

Es war cool, dagegen zu sein, auch wenn man immer ein wenig vorsichtig sein musste, diese politische

Überzeugung offen zur Schau zu stellen. Wir waren eher genervt von dem ideologischen Einfluss, den die Schule auf uns nehmen wollte, aber das Ergebnis dieser versuchten Gehirnwäsche war dann eben ein reflexhaftes Ablehnen, eine Anti-Haltung zu allem, was mit Marx/Engels/Lenin zu tun hatte. Ich kam mir ganz schön subversiv vor, als ich heimlich »Lenin is in – aber ich Lenin ab« auf die Schulbank geschrieben habe. Das war auch nicht ohne, denn ganz sicher hätte es mächtig Ärger gegeben, wenn ich mich bei so einer Aktion hätte erwischen lassen. Was meinem Bandkollegen und Schulfreund Wolfgang wegen einer ähnlichen Lappalie passiert ist, hatte ich ja schon erwähnt. Aber die Ablehnung brodelte in mir und insofern war es logisch, dass einer meiner ersten Texte, die ich im Alter von vielleicht 15 Jahren geschrieben hatte, wie folgt lautete:

Ein Volk – ein Reich – ein Verführer
So war es nicht nur früher
So ist es auch heute
Denn so viele Leute
Sind immer noch nicht aufgewacht
Und buckeln nach oben, in Richtung Macht.

Ich hatte die Zeilen zuhause im Wohnzimmer liegenlassen, vielleicht sogar absichtlich, um zu sehen, wie meine Eltern darauf reagieren würden. Das taten sie natürlich. Sie waren erschrocken und ermahnten mich, mit so etwas in Zukunft vorsichtiger zu sein. »Ich finde das ja gut, aber lass das nicht woanders aus Versehen rumliegen, erst recht nicht in der Schule«, sagte meine Mutter und gab mir den Zettel zurück.

Denn bei aller offen ausgesprochenen Kritik an den politischen Verhältnissen wurde uns auch immer wieder eingeschärft, dass es eben nun mal Grenzen und Spielregeln gibt, die man besser einhalten sollte, wenn man keine Schwierigkeiten bekommen wollte. Diese Spielregeln haben meine Eltern sehr klug eingehalten. Wir wurden ja zuhause christlich erzogen, wir wurden protestantisch getauft und später konfirmiert. Trotzdem beschlossen meine Eltern, uns zu den Pionieren zu schicken, weil es im Schulalltag eben irgendwie dazugehörte, wenn man nicht als Außenseiter gelten wollte. Fast alle waren Mitglieder der sozialistischen Kinder- und Jugendorganisationen. Bis zur vierten Klasse war man Jungpionier und trug ein blaues Halstuch. Danach wurde man Thälmann-Pionier, ausgestattet mit einem roten. Schließlich, nach der »Jugendweihe«, wurden wir Mitglieder der FDJ, der »Freien Deutschen Jugend«.

Der Westdeutsche, der nicht in diesem System aufgewachsen ist, könnte jetzt fragen: »Was ist klug daran, das alles mitzumachen? Ist es nicht eher opportunistisch, diesen ganzen Zinnober zu unterstützen, wäre es nicht konsequenter gewesen, seine Ablehnung offen zu zeigen?« Sicher wäre es das, es wäre aber eben auch mit Nachteilen verbunden gewesen oder, und das wäre vielleicht noch schlimmer gewesen, mit Ausgrenzung. Man hätte nicht wirklich dazugehört. Sicher gab es Kinder, deren Eltern diesbezüglich konsequenter waren. Meist waren es Pfarrer-Familien, bei denen es sogar zum guten Ton gehörte, alles ideologisch Eingefärbte abzulehnen, keine Pionierlieder zu singen oder sich mit Halstuch oder FDJ-Hemd zu verkleiden. Und sicher war es auch einfach bequemer, bei all diesen Dingen mitzumachen, um seine Ruhe zu haben. Ganz nebenbei war es übrigens auch so, dass die Pioniernachmittage oder später die FDJ-Versammlungen nicht ausschließlich ideologische Infiltrierung waren. Oft war das eine Art der Freizeitgestaltung, die auch spannend war. Es gab Exkursionen oder es wurden Wandzeitungen gestaltet – wir wurden als Kinder im Rahmen der »gesellschaftlichen Arbeit« gefordert und gefördert, haben gebastelt, getanzt, Gedichte gelernt und nicht nur Pionierlieder gesungen. Ich weiß noch, dass ich am Anfang sogar stolz war, endlich »Thälmann-Pionier« zu werden, was aber sicher eher mit dem Gefühl zu tun hatte, endlich nicht mehr zu den Kleinen zu gehören.

Die »Jugendweihe« war der nächste Schritt. Man wurde »in den Kreis der Erwachsenen aufgenommen«. Das haben wir neben der Konfirmation gern mitgemacht, nicht zuletzt auch deswegen, weil beide Zeremonien damit verbunden waren, dass man jeweils einen Haufen Geschenke einsammeln konnte. Zur Jugendweihe gab es oft ein Fahrrad oder einen größeren Geldbetrag, zur Konfirmation war es ähnlich. Wir haben das untereinander sogar thematisiert und uns gegenseitig stolz erzählt, was wir alles abgesahnt hatten.

Trotzdem war die schulische Erziehung nicht nur Spiel und Spaß. Natürlich wurde versucht, uns ideologisch »auf Linie« zu bringen. In der Schule gab es manchmal, nicht oft, aber regelmäßig, zum Beispiel am ersten Schultag eines neuen Schuljahres, Fahnenappelle. Da mussten am Morgen alle auf dem Schulhof antreten, es wurden Reden gehalten, meist vom Schulleiter oder dessen Stellvertreter, und politische Lieder gesungen. Auch militärische Inhalte spielten in Pionier-Liedern oft eine Rolle. Dieses Lied kannte in der DDR jedes Kind meiner Generation:

Soldaten sind vorbei marschiert
Im gleichen Schritt und Tritt
Wir Pioniere kennen sie
Und laufen fröhlich mit, juchhei!

Gute Freunde, gute Freunde
Gute Freunde in der Volksarmee
Sie schützen unsre Heimat
Zu Land, zu Luft und auf der See –, juchhei.

»Gute Freunde«
Text: Hans Georg Beyer
Friedrich Hofmeister Musikverlag

Auch Kinderzeitungen wie »Frösi« oder »Trommel« transportierten nicht selten militärische Inhalte. Soldat sein war schick – am 1. März, dem »Tag der NVA« gingen Schulklassen in Kasernen und kletterten auf

Panzern herum – das schien und scheint, vor allem auf Jungs, irgendwie eine Anziehungskraft zu haben, auf jeden Fall fanden wir das damals spannend.

Neben den schon erwähnten Wandzeitungen gab es Resolutionen für internationale politische Gefangene (Freiheit für Luis Corvalán oder Angela Davis), und auch die Schulbücher waren mit ähnlichen Inhalten gespickt. All dies war ja nicht unbedingt und ausnahmslos schlecht. Andererseits waren im Geografie-Atlas die BRD und Westberlin weiße Flecken, man sagte nie Russland, sondern immer Sowjetunion, man sagte niemals Deutschland, sondern DDR und BRD, und dass die BRD ein kapitalistischer Ausbeuterstaat war und die DDR ein freiheitlich-fortschrittlicher, war klar. Russisch war Pflichtfach ab der fünften Klasse. Das war jedoch überhaupt nicht beliebt. Wir wollten lieber Englisch lernen, allein schon wegen der Musik, die wir hörten und die wir auch verstehen wollten. Im Geschichtsunterricht ging es hauptsächlich um die Arbeiterklasse, wie sie unterdrückt und geknechtet wurde, bis der Sozialismus sie endlich befreite, in Englisch, das leider erst ab der siebenten Klasse unterrichtet wurde, war natürlich die kommunistische Zeitung »Morning Star« das angesagte Unterrichtsmittel, und auch im Deutschunterricht wurden Gedichte und Bücher mit kommunistischen Inhalten behandelt. Grotesk wurde es, wenn ein Gedicht von Goethe oder Schiller so umgedeutet wurde, dass aus dem Vogel, der in die Lüfte steigt, eine kommunistische Grundhaltung des Dichters gemacht wurde. Darüber machten wir uns gern lustig.

Manchmal war die allgegenwärtige »Rotlichtbestrahlung« von sich aus unfreiwillig komisch. Die Leipziger Baumwollspinnerei hatte damals ein rotes Banner am Hauptgebäude hängen, auf dem sie stolz mitteilen wollte, dass jeder Arbeiter Mitglied der Sozialistischen Einheitspartei Deutschlands, der SED war. Ich bin nicht sicher, ob ich es wirklich selbst gelesen hatte, ob es mir jemand erzählt hatte, oder ob es eine Legende ist. Jedenfalls war es, wenn es wirklich so war, ein klassisches Eigentor, eine ungewollte Farce, denn auf diesem Banner soll gestanden haben: »Jeder Spinner ein Genosse«. Es ist aus heutiger Sicht kaum nachzuvollziehen, aber all diese omnipräsenten kommunistischen Slogans nahmen wir gar nicht mehr wahr, und wenn, dann machten wir uns gern darüber lustig. Genau so war es mit der allmorgendlichen Begrüßung.

Jeden Morgen vor der ersten Schulstunde gab es ein Ritual: Die gesamte Klasse musste sich erheben und der Lehrer oder die Lehrerin sagte: »Seid bereit«, woraufhin die Klasse mit »Immer bereit« antwortete. Dieses Frage-Antwort-Spiel ging ab der achten Klasse, als wir FDJler waren, weiter, und wir riefen uns gegenseitig »Freundschaft« zu, was allerdings, je älter wir wurden, immer mehr zu einem lustlosen Gegrummel mutierte. Dass wir dem politischen Einfluss, den die sozialistische Schule auf uns auszuüben versuchte, nicht unterlagen, fanden meine Eltern beruhigend. Es bewies, dass die Erziehung der Eltern bei der Persönlichkeitsentwicklung der Kinder viel mehr wiegt als alles, was von außen kommt.

Von unseren Eltern haben wir von Anfang an eine Haltung erlernt, die uns aufmerksam, wachsam und offen für die Einflussnahme von Parolen und – nennen wir es ruhig beim Namen – Propaganda gemacht hat. Blickt man heute auf die Anfälligkeit vieler Menschen für parolenhafte Versprechungen oder populistische Angstmache, dann bin ich doppelt und dreifach froh, dass ich eine Erziehung genossen habe, die mich hiervor schützt.

Meine Großeltern mütterlicherseits lebten im selben Haus wie wir. Sie wohnten im Erdgeschoss und wir in der ersten Etage. Oft war ich, bevor ich Thomaner wurde, nach der Schule bei ihnen. Die beiden waren ein klassisches Künstler-Paar: er Solo-Geiger und Konzertmeister im Leipziger Gewandhausorchester und sie Opernsängerin und in dieser Szene eine wirkliche Koryphäe. Ich erinnere mich daran, dass mein Großvater immer sehr elegant gekleidet war, meist im dunklen Anzug mit sehr schicken Lackschuhen. Als ich nach dem Unterricht mal wieder vorbeischaute, fragte er mich, was wir denn heute gelernt hätten, und ich antwortete: »Wir haben über Thälmann gesprochen.« Er war begeistert, lobte mich und sagte, dass wir ja anscheinend doch ganz anständige Sachen beigebracht bekämen. Es dauerte eine ganze Weile, bis wir bemerkten, dass wir uns die ganze Zeit missverstanden und aneinander vorbeigeredet hatten. Er hatte gedacht, wir lernten etwas über den klassischen Komponisten Georg Philipp Telemann, und als ich ihm dann sagte, dass es um Ernst Thälmann, den kommunistischen Arbeiterführer ging, war er enttäuscht und sah sich in seinen Vorurteilen über die sozialistische Schule bestätigt.

Noch heute sorgt diese kleine Geschichte in unserer Familie für herzhaftes Gelächter, ähnlich wie diese: Wir sollten in der Schule erzählen, was unsere Eltern und Großeltern beruflich machten. Ich berichtete ganz stolz von meiner Omi. Sie hatte in den Fünfzigerjahren einen großen Preis verliehen bekommen – sie war Nationalpreisträgerin der Deutschen Demokratischen Republik. Die Urkunde, ein eindrucksvolles, mächtiges, in massives Holz eingeschlagenes rotes Buch, unterschrieben von Wilhelm Pieck, dem ersten Präsidenten der DDR, hat sie uns Kindern gezeigt, zusammen mit der Medaille, einem Orden aus purem Gold, auf dem Johann Wolfgang von Goethe zu sehen war. Das hat mich sehr beeindruckt. Leider hatte ich es nicht so sehr mit Begrifflichkeiten, so dass ich zum Erstaunen meiner Klassenlehrerin erzählte, meine Omi Philine sei »Nationalbriefträgerin«. Ob sie denn bei der Post arbeite, fragte sie mich, und ich sagte, nein, sie sei eine große Künstlerin, die Arien singe.

Ich war mächtig stolz auf sie, wenngleich ich auch mit der Art Musik, die sie so berühmt gemacht hatte, nicht viel anfangen konnte. Als sehr kleines Kind hatten mich meine Eltern mal zu einer Opernaufführung mitgenommen, und das war so gar nicht mein Ding. Die mächtige, laute Musik und vor allem die kraftvoll-schmetternden, schrillen Gesänge stießen mich eher ab. Das war allerdings kein Grund für mich, meine Großmutter nicht zu bewundern – ganz im Gegenteil. Zu ihr hatte ich, seit ich denken kann, ein außerordentlich herzliches und gutes Verhältnis. Auch später, als ich dann immer mehr mit dem Gedanken liebäugelte, selbst mal beruflich Musik machen zu wollen, wenn auch nicht im klassischen Fach, unterstützte sie mich, wo sie konnte. Natürlich ist es für eine Großmutter viel leichter, ihren Enkel bei einer solchen Entscheidung zu bestärken, als für eine Mutter, wenn sie über die Zukunft ihres Sohnes nachdenkt. Dieser unsichere Beruf, diese »brotlose Kunst«, wie meine Eltern mir immer wieder sagten, das sei doch nichts fürs Leben, das sei doch sicher nur eine Phase, die irgendwann vorbeigehen würde. Meine Omi, und dafür bin ich ihr noch heute sehr dankbar, hat mir immer wieder gesagt: »Junge, wenn du es wirklich willst, dann mach es einfach, und wenn du all deine Kraft da reinsteckst, dann wirst du es auch schaffen und wirst damit glücklich und erfolgreich werden.«

Nach dem Abitur und dem »Ehrendienst bei der NVA« wurde ich dann im September 1985 tatsächlich Student an der Leipziger Musikhochschule »Felix Mendelssohn Bartholdy«. Im Vorfeld dieses Studiums war es üblich, an einem dreiwöchigen Ernteeinsatz teilzunehmen, in der »Produktion« etwas für die Allgemeinheit zu tun. Wir fuhren also nach Leisnig, nicht weit weg von Leipzig, sollten den ganzen Tag Äpfel ernten und hatten dazu keine Lust. Die angehenden Musikstudenten waren natürlich eine ganz andere Klientel, als die, mit der ich es die vorherigen 1½ Jahre bei der Armee zu tun gehabt hatte. Hier trafen junge Leute aufeinander, die eher kulturaffine Freigeister waren, Musiker, die es geschafft hatten, einen Studienplatz zu ergattern und den Traum, in Zukunft in großen Orchestern um die Welt zu reisen oder als Sänger, Pianisten oder Dirigenten groß rauszukommen. Daneben gab es die TUM-Abteilung »Tanz- und Unterhaltungsmusik«, eher die Schmuddelkinder des Studienganges, die lange Haare hatten, in Bands Bass, Gitarre oder Schlagzeug spielten und fest davon überzeugt waren, die Welt einzureißen und berühmte Rock- oder Popstars zu werden – einer von ihnen war ich.

Schnell freundete ich mich mit Musikern an, die später in meinem Leben noch eine große Rolle spielen sollten. Ali und Mathias, zwei Jungs aus der TUM-Abteilung, mit denen ich bis heute zusammen Musik mache, waren mir besonders ans Herz gewachsen. Ali war damals gerade 18, Mathias ein Jahr älter als ich, und wir entdeckten schnell unsere ähnlichen Vorlieben für Musik und vor allem für gute Partys und exzessive Feierei. Das führte dazu, dass wir die Sache mit der Apfelernte nicht so ernst nahmen, abends bis spät in die Nacht das Erntelager verließen, um uns in der einzigen Kneipe im Ort von Elvira, einer herzensguten Kneiperin, bewirten zu lassen, spät zurück in unsere Betten zu kommen und am nächsten Morgen noch weniger Lust auf die Apfelernte zu haben. Als wir dann eines Tages erwischt wurden, wie wir verkatert oder sogar noch (oder schon wieder?) betrunken in oder neben unserer leeren Apfelkiste lagen, gab es Ärger. Wir wurden zum Chef der LPG, der Landwirtschaftlichen Produktionsgenossenschaft – sozusagen der Firma, die diesen Studentensommer ausrichtete, bestellt, der uns die Leviten las. Er beschimpfte uns als »Gammler«, die die sozialistische Produktion sabotierten, als »faule, arbeitsscheue Elemente«, und drohte ernste Konsequenzen an. So wäre es fast dazu gekommen, dass wir noch vor Beginn des Studiums exmatrikuliert worden wären, was einer mittelschweren Katastrophe gleichgekommen wäre. Mit reumütigen Bekundungen gegenüber dem Tribunal, vor dem wir Frage und Antwort zu stehen hatten, kamen wir nochmal mit einem blauen Auge davon, versuchten, uns für den Rest der Zeit auf der Apfelplantage nichts mehr zuschulden kommen zu lassen und konnten so im September mit dem Studium beginnen. Im Gegensatz zur Schulzeit habe ich das Studium sehr genossen. Weniger wegen des Studiums als solchem, eher wegen der Studentenpartys, auf denen wir Dinge erlebten, die man, glaube ich, wirklich nur in dieser Zeit erleben kann.

Mit unserer damaligen Band, den »Herzbuben«, wurden wir während der Studienzeit immer erfolgreicher. In kleinen Clubs und Theatern sangen wir a capella ohne Mikrofone und das gab es damals so noch nicht. Wolfgangs vierstimmige Arrangements waren großartig, wir sangen Cover-Versionen von Beatles- Stones- und Beach-Boys-Liedern. Wir wagten uns an Bob Dylan und die Kinks ran, und sogar »My Generation« von The Who haben wir in einer A-capella-Version gesungen. Natürlich hatten wir auch mehr und mehr den Ehrgeiz, eigene Songs zu erfinden. Die Texte, die ich in dieser Zeit schrieb, waren eher lustig und unterhaltsam, aber mehr und mehr versuchte ich, mich auch mit gesellschaftlichen Themen auseinanderzusetzen. Das war gar nicht so schwierig, denn die Themen lagen in der Luft, bzw. auf der Straße, wenngleich wir auch politische Botschaften eher zwischen den Zeilen transportiert haben, was die Leute allerdings sehr gut verstanden. Die Antennen des Publikums waren sehr sensibel. Fast seismografisch wurden politische Botschaften erkannt und dankbar beklatscht. Unser erster kleiner Hit mit den »Herzbuben« lief 1987 sogar ziemlich erfolgreich im DDR-Radio:

Ich bin der schönste Junge aus der DDR
Und das freut mich sehr
Seh ich mir meinen Körper an
Dann denk ich: Mann oh Mann

Die Mädchen sind sehr angetan
Von mir als Tarzan-Muskelmann
Und auch die Jungs – schub-schubiduh
Lassen mich nicht mehr in Ruh

Ich bin der schönste Junge aus der DDR
Aus uns'rer schönen DDR
Ich bin der schönste Junge aus der DDR
Und das freut mich sehr

Ob Mann ob Weib – sie werden warm
Wenn ich sie betör' mit meinem Charme
Ob Mann ob Weib – sie werden heiß
Denn jeder hier im Lande weiß

Ich bin der schönste Junge aus der DDR
Aus uns'rer schönen DDR
Ich bin der schönste Junge aus der DDR
Aus uns'rer DDR
Und aus dem RGW

Und alle Mädchen werden blass
Und nicht nur um die Augen nass
Auch alle Jungs sind wie erstarrt
Oh Schreck – nicht nur ihr Blick wird hart

Denn ich bin der schönste Junge aus der DDR
Aus uns'rer schönen DDR
Ich bin der schönste Junge aus der DDR
Aus uns'rer DDR
Und aus dem RGW
Und aus der ganzen Welt
Die uns so gut gefällt

Musik: Sebastian Krumbiegel und Wolfgang Lenk
Text: Sebastian Krumbiegel

Diese Art von (Selbst)-Ironie wurde sehr gut verstanden. Wenn ich als dicklicher, nicht gerade Adonis-gleicher Junge dieses Lied sang, wussten die Leute ganz genau, wie das gemeint war. Außerdem war gegen Ende der Achtzigerjahre sowieso eine aufregende Zeit. Es bewegte sich was im Land. Durch die vor allem von Michail Gorbatschow angeregten Reformen in der Sowjetunion wurde die politische Debatte belebt. Glasnost und Perestroika, Offenheit und Umgestaltung, waren in aller Munde, und wir spürten, dass etwas in der Luft lag. Es kamen Dinge ins Rollen, die unser aller Leben bald vom Kopf auf die Füße stellen sollten. In diesen Tagen wurden meine Texte dann auch direkter. Als Gorbatschow mit seiner Perestroika kam, haben wir ein Lied gesungen, in dem wir ihn baten, uns doch bitte seine neuen Spielregeln beizubringen. Wolfgang hatte ein Arrangement im Gestus eines russischen Liedes geschrieben und wir sangen:

Ja es hat wirklich Stil
Dein Gesellschaftsspiel
Und wir sind ja nicht dumm
Die Regeln sprechen sich rum
Auch wir werden sie bald versteh'n

Bei diesem Lied hatten wir übrigens das einzige Mal die Zensur im Nacken. Wir wollten es für den Rundfunk der DDR im Studio aufnehmen und hatten auch schon eine Produzentin, die großartige Luise Mirsch, die schon mit Renft, Veronika Fischer, Pankow und Nina Hagen gearbeitet hatte. Als Tonstudio hatte sie das berühmte Set-Studio gebucht, ein modernes Studio, technisch auf dem neuesten Stand, das ich schon kannte, weil Tobias' Bruder Gitarrist bei Set war. Doch kurz bevor wir mit den Aufnahmen beginnen wollten, wurden uns ganz klassisch Knüppel zwischen die Beine geworfen, und diese Session sollte nicht zustande kommen.

Wir waren alle im Studio versammelt, freuten uns auf die gemeinsame Arbeit, tranken Kaffee und besprachen gerade, wie wir vorgehen wollten, als das Telefon klingelte. Es war ein Anruf aus Berlin, und man verlangte nach der »Verantwortlichen für diese Tonaufnahme«. Luise, die Produzentin, war wohl am meisten überrascht, denn sie hatte die harten Zeiten von Zensur und Auftrittsverboten in der DDR der Sechziger- und Siebzigerjahre erlebt und, wie sie uns danach sagte, für längst überwundene Vergangenheit gehalten. Ihr Gesicht verfinsterte sich, als sie schweigend die Anweisungen aus der Hauptstadt entgegennahm. Als sie aufgelegt hatte, teilte sie uns enttäuscht mit, dass auf »Anweisung von oben« unser Lied nicht aufgenommen werden dürfte. Da hatte wohl jemand kalte Füße bekommen. Im Nachhinein denke ich: Was müssen die Machthabenden für eine Angst gehabt haben – vor Leuten wie uns, die einfach nur ein Lied aufnehmen wollten, in dem sie die politischen Veränderungen, die sich in diesen Tagen in der Sowjetunion ihren Weg bahnten, gutheißen wollten. Wir wären ja niemals auf die Idee gekommen, offen Kritik an der DDR zu üben. Dazu hatten wir viel zu große Pläne. Wir wollten die Spielregeln einhalten, aber selbst das schien im Frühjahr 1989 nicht zu funktionieren. Natürlich waren wir alle enttäuscht, weil wir das erste Mal am eigenen Leib zu spüren bekamen, wie es sich anfühlt, sich einer ideologischen Zensur beugen zu müssen. Das war aber übrigens auch das letzte Mal, dass wir eine solche Erfahrung machten.

Ein anderes Lied aus diesen Tagen hat es glücklicherweise geschafft, verewigt zu werden. Es kam zwar erst 1991 auf das Album »Das Leben ist grausam« meiner Lieblingsband, aber es war schon drei Jahre vorher, also vor dem Mauerfall, ein Lied, das ein Problem ansprach, das sprichwörtlich in der Luft lag. In diesem Text forderten wir den »Betriebsdirektor« auf, endlich die Kohlefilter und Kläranlagen seiner Fabrik einzuschalten. Das sprach vielen Leuten im Osten aus dem Herzen, denn die Luft, die wir damals atmeten, war so dreckig, dass der liegen gebliebene Schnee im Winter innerhalb kürzester Zeit schwarz wurde oder dass man die frisch gewaschene Wäsche auf keinen Fall unter freiem Himmel zum Trocknen aufhängen konnte, geschweige denn auch nur darüber nachdachte, in Flüssen oder Seen zu baden. Die Gegend um Leipzig war Ende der Achtzigerjahre die dreckigste, umweltmäßig am höchsten belastete Europas, das wussten wir zwar nicht, aber wir spürten, dass Umweltschutz ein Thema war, das in der DDR wenn überhaupt eine Nebenrolle spielte. Eine wissenschaftliche Arbeit meines Vaters bestand übrigens Anfang der Neunzigerjahre darin, nachzuweisen, dass diese Umweltbelastung im Industrie-Ballungszentrum Leipzig/Halle nicht nur die Tier- und Pflanzenwelt zerstört hat, sondern auch einen großen Einfluss auf die Entwicklung der Menschen nahm. Ich kann das sicher nur sehr vereinfacht und verkürzt wiedergeben, aber mein Vater sagte mir damals, dass er durch verschiedene Tests nachgewiesen hatte, dass Kinder, die in dieser extrem belasteten Gegend aufgewachsen sind, oft ein bisschen kleiner sind als andere. Wir haben damals folgendes gesungen:

Wenn uns're gold'ne Sonne hinter eine Wolke kriecht
Und diese Wolke duftet ganz dezent nach Schwefeldioxid
Dann frag ich den Betriebsdirektor:
Bitte sag mir, muss das sein?
Also schalte doch in Zukunft deine Filter ein

Wenn uns'rer gold'ner Mond erst merkt:
Hier muss doch was nicht stimmen
Weil die vielen kleinen Fischlein
Alle auf dem Rücken schwimmen
Frag ich den Betriebsdirektor:
Bitte sag mir, muss das sein?
Also schalt doch deine Kläranlage ein

Wenn unser gold'ner Abendstern
Aufs Kiefernwäldchen schaut
Und anhand der kahlen Bäume sieht:
Hier ist irgendwas versaut
Dann frag ich: Wer ist der Direktor, wer ist hier so krank?
Soll das so weiter geh'n? Nee, vielen Dank

Text & Musik: Sebastian Krumbiegel
© Lakeworth Music Publishing, BMG Rights Management, SonyMusicPublishingGroup

Ich glaube nicht, dass meine Texte in der damaligen Zeit besonders mutig waren, zumal ich mich auch immer hinter der »Ironie-Maske« verstecken konnte, aber sie erfassten einen Zeitgeist, der allgegenwärtig war. Ende der Achtzigerjahre gab es aber auch jede Menge DDR-Künstler, die mutigere Texte geschrieben haben. CITY, den meisten wohl durch ihren Hit »Am Fenster« bekannt, sangen schon 1987 auf ihrem Album »Casablanca« vom »halben Glück in der geteilten Stadt«, oder PANKOW gaben in ihrem Lied »Langeweile« zu verstehen, dass sie »zu lange die alten Männer verehrt« hatten. Das war damals mutiger, als man sich heute vorstellen kann, denn Auftrittsverbote oder anderweitige Repressalien waren durchaus ein probates Mittel, das nach wie vor hin und wieder angewandt wurde, wenn Künstler sich zu weit aus dem Fenster lehnten. Im Herbst 89 haben wir ein Spottlied über Karl Eduard von Schnitzler, den Chefideologen des DDR-Fernsehens, gesungen, als der dann abgedankt hatte, wurde daraus ein Lied über den »Wendehals«, der seine Fahne immer nach dem Wind hängt. Durch die schnelllebige Zeit haben wir manchmal fast im Wochenrhythmus unsere Texte aktualisiert, und das war sehr spannend.

Uns war natürlich auch klar, dass bei unseren Konzerten Zuhörer dienstlich anwesend waren, die besonders große Ohren hatten und dafür zuständig waren, »staatsfeindliche Hetze« zu melden und zu unterbinden. Aber vor denen hatten wir keine Angst. Wir haben ja nicht gesungen »Die Mauer muss weg« oder »Honecker ist doof«. Zweideutigkeiten oder eben Ironie waren eine wunderbare Waffe, gegen die keiner was sagen konnte, und das war uns durchaus bewusst.

»WIR TRAUERN UM JIMI HENDRIX UND JANIS JOPLIN«

Club 27 und die Friedliche Revolution

Die Zeit der Friedlichen Revolution, der Herbst des Jahres 1989 hat mich politisch noch mehr angeknipst und mich für die Themen sensibilisiert, die mir später immer wichtiger wurden.

In Leipzig waren wir mittendrin im Geschehen. Wahrscheinlich war es kein Zufall, dass Leipzig das Epizentrum dieser Bewegung war. Allein die alljährlich stattfindende Messe hatte seit vielen 100 Jahren dafür gesorgt, dass diese Stadt immer schon einen Blick über den Tellerrand erhaschen konnte. Selbst zu DDR-Zeiten oder vielleicht gerade in dieser Phase des Eingesperrtseins, als es durch den Eisernen Vorhang eigentlich unmöglich war, an Weltoffenheit auch nur zu denken, wurde genau die in Leipzig durch die Messe praktiziert – einmal im Frühjahr und einmal im Herbst. Und als dann das politische Tauwetter einsetzte, als ausgerechnet die Sowjetunion, »der große Bruder«, anfing, an veralteten, verkrusteten Regeln zu rütteln, fiel diese Politik im Ostblock auf fruchtbaren Boden. Das große Weltgeschehen, die Signale, die aus Moskau kamen, ermutigten die Menschen, selbst aktiv zu werden. Die Leute lechzten förmlich nach Reformen, nach Veränderungen, sie waren scheinbar fest entschlossen, den Blick in Richtung Westen zu schärfen, sie wollten im wahrsten Sinne des Wortes ihren Horizont erweitern. In Budapest, Warschau, Prag, Belgrad, Sofia oder Berlin – in der DDR aber vor allem in Leipzig.

Vielleicht war ich damals zu jung, vielleicht fehlte mir auch einfach die gewisse Portion Mut, ich brauchte jedenfalls eine Weile, bis ich mich entschloss, endlich selbst dabei zu sein, selbst ein Teil dieser unaufhaltsamen Bewegung zu werden. Schon im Frühling 1989 spürten wir, dass etwas ins Rollen geraten war, vielleicht sogar noch früher. Es war ein langsamer Prozess. Im Sommer waren die Nachrichten voll mit Meldungen über die Grenze zwischen Ungarn und Österreich, die immer durchlässiger wurde. Zuerst waren ab dem Frühjahr nach und nach die elektronischen Grenzsicherungsanlagen abgebaut worden, Ende Juni wurde dann der Stacheldrahtzaun symbolisch durchgeschnitten. Diese Bilder gingen um die Welt, und auch wir sahen sie, und wir hörten die Meldungen, die sich überschlugen. Mehr und mehr Menschen aus der DDR hatten den Weg über diese grüne Grenze in den Westen genommen. Die Botschaften der Bundesrepublik Deutschland in Warschau, Prag und Budapest wurden von DDR-Bürgern belagert, und alle politischen Spielregeln schienen sich vom Kopf auf die Füße gestellt zu haben. Es brodelte überall, nicht nur, aber eben auch in unserem Land. Die ersten Nachrichten vom »Friedensgebet in der Leipziger Nikolaikirche« erreichten uns über die Tagesschau oder den Deutschlandfunk. Im Anschluss an diese Friedensgebete sollen kleinere Protestaktionen stattgefunden haben, die allerdings sofort im Keim erstickt worden waren. Aber die Demonstranten rund um die Nikolaikirche waren beharrlich geblieben, und irgendwann ließen sich diese Proteste nicht mehr so einfach unter den medialen Teppich kehren. Im Spätsommer waren diese »Montags-Demonstrationen« dann Gesprächsthema Nummer eins, und gerade im Umfeld der Studentenszene wurde viel darüber diskutiert, was da gerade Aufregendes abging in unserer Stadt. Es war ein gutes Gefühl, dass Menschen gemeinsam etwas Positives bewegen wollten. Die Leute merkten schnell, dass sich dieses Gefühl wie ein Lauffeuer ausbreitete, dass da sehr viele Menschen ähnlich dachten und daraus dann von Tag zu Tag noch mehr und noch mehr wurden.

In diesen Tagen kursierte auch eine Resolution von DDR-Rockmusikern und Liedermachern, die die Forderungen der gerade gegründeten Bürgerrechtsbewegung »Neues Forum« unterstützte. Dieser Aufruf war von Musikern wie Tamara Danz (Silly), Toni Krahl (City), André Herzberg (Pankow), den Liedermachern Hans-Eckardt Wenzel und Gerhard Schöne und vielen anderen bekannten Musikern ins Leben gerufen und unterzeichnet worden. Er war an verschiedene große Zeitungen (Neues Deutschland, Junge Welt), den Rundfunk und das Fernsehen und an diverse Regierungsstellen geschickt worden, die ihn jedoch ignorierten. Die Staatsmacht ging sogar aktiv dagegen vor, denn diese Resolution rüttelte an den Grundfesten der Macht. Sie forderte einerseits von Partei und Regierung, die Ideen und Vorschläge der Bürgerrechts-Plattform »Neues Forum« ernst zu nehmen, gleichzeitig warnte sie vor »rechtsextremen und national-konservativen Elementen«, die das Leben im Land bedrohen würden. Der Aufruf wurde bei Konzerten verlesen, was schon fast einem Aufstand gleichkam, und die Unterzeichner wurden von Regierungsseite teilweise mit Auftrittsverboten oder Geldstrafen unter Druck gesetzt.

Ich weiß nicht mehr genau, wie ich dieses Blatt Papier in die Finger bekam, wahrscheinlich bei irgendeinem Konzert, das ich besucht hatte. Ich war jedenfalls sofort Feuer und Flamme für diese Aktion. Ich bewunderte die Gallionsfiguren der DDR-Musik-Szene für ihren Mut. Damals gab es noch keine Kopierer, deshalb habe ich den Text mit der guten, alten »Erika«-Schreibmaschine meines Vaters abgetippt:

»Wir, die Unterzeichner dieses Schreibens sind besorgt über den augenblicklichen Zustand unseres Landes, über den massenhaften Exodus vieler Altersgenossen, über die Sinnkrise dieser gesellschaftlichen Alternative und über die unerträgliche Ignoranz der Staats- und Parteiführung, die vorhandene Widersprüche bagatellisiert und an einem starren Kurs festhält ...«

Dabei habe ich so viele Durchschläge wie möglich verwendet (Blaupapier war die effektivste Möglichkeit der Vervielfältigung) und die Kopien dann in der Musikhochschule ausgelegt – natürlich heimlich. Keiner wusste in diesen Tagen, was die Zukunft bringen würde, aber überall wuchs die Bereitschaft, sich einzubringen und mitzumachen. Natürlich war das sehr aufregend, und als ich die vervielfältigten Zettel mit der Resolution auf Fensterbrettern in der Hochschule verteilte, ein Exemplar sogar an das schwarze Brett pinnte, tat ich das mit schnellem Puls und kam mir dabei ganz schön konspirativ vor. Das war kein purer Spaß, und wenn ich mich dabei hätte erwischen lassen, hätte das definitiv unangenehme Konsequenzen gehabt.

»Staatsfeindliche Hetze« war ein Kampfbegriff, den wir alle kannten, und wer etwas in dieser Richtung unterstützte oder propagierte, machte sich nach der

Gesetzeslage strafbar. Wie gesagt – ein Held war ich definitiv nicht, das waren zu dieser Zeit andere, aber ich war mittlerweile an einem Punkt, an dem ich nicht mehr daneben stehen wollte, ich wollte endlich mitmachen und zeigen, wofür ich stand und heute noch stehe. Ich hatte sowieso schon ein schlechtes Gewissen, dass ich mich bei der letzten offiziellen Wahl im Mai nicht getraut hatte, etwas anderes zu tun als das, was von allen erwartet worden war. Ich war brav hingegangen, hatte meinen Wahlzettel so wie er war in die Wahlurne gesteckt und so dieses groteske Spiel mitgespielt, einfach nur, weil ich Angst vor Schwierigkeiten hatte. Im Mai 1989 waren schon viele DDR-Bürger mutiger, hatten sich, was absolut unüblich war, mit ihrem Stimmzettel in die Wahlkabine begeben und diesen entweder ungültig gemacht oder anderweitig ihren Unmut geäußert. Einige hatten diese »Wahl«, die ja eigentlich gar keine war, einfach boykottiert, was auch nicht ohne war, denn all das wurde registriert und wurde in Kaderakten oder Stasi-Berichten verewigt.

Ein knappes halbes Jahr später hatte sich aber etwas verändert. Es brodelte mehr denn je. An allen Ecken wurde darüber gesprochen. Alle merkten, dass hier gerade etwas passierte, dass etwas im Gange war. Das viel strapazierte Wort der »Aufbruchsstimmung« trifft das Gefühl dieser bewegten Zeit wohl am besten.

In diesen ersten Septembertagen war in Ungarn die Grenze zu Österreich ganz offiziell geöffnet worden. Seitdem strömten nicht mehr nur ein paar wenige, sondern täglich hunderte DDR-Bürger durch dieses Schlupfloch in den Westen, und es war kein Ende abzusehen. Es wurden von Tag zu Tag mehr. Logischerweise hat sich damals keiner auch nur im Entferntesten vorstellen können, was in den nächsten Wochen und Monaten passieren würde: Dass mit friedlichen Mitteln dieses politisches System gestürzt werden, geschweige denn, dass ein paar Wochen später die verhasste Mauer eingerissen werden würde.

Aber es war eine positive Energie spürbar, es lagen Veränderungen in der Luft, man glaubte an Reformen, man konnte sich vorstellen, dass es Erleichterungen geben würde, vor allem, was die Gesetze zur Reisefreiheit betraf. Es gab den allgemeinen Glauben, verkrustete Strukturen aufzubrechen. Wir hatten das Gefühl, wirklich etwas verändern zu können. Deswegen gingen die Menschen auf die Straße, nicht nur in Leipzig, auch in vielen anderen Städten »zwischen Kap Arkona und Fichtelberg«, wie die DDR oft geografisch beschrieben wurde.

Die erste Montagsdemo, an der ich dann teilnahm, war am 18. September 1989. Seit Tagen oder gar seit Wochen waren diese Demonstrationen in den West-Medien thematisiert worden, und an diesem Abend wollte ich zusammen mit einer Handvoll Kommilitonen einfach mal mit eigenen Augen sehen, was da, sozusagen vor unserer Haustür, passierte.

Wie viele Menschen an diesem Tag in der Leipziger Innenstadt wirklich auf den Beinen waren, weiß ich nicht. Es waren auf jeden Fall viele, und es war eine

Spannung zu spüren, ein Mix aus besagter Aufbruchstimmung und verhaltener Ängstlichkeit. Natürlich zeigte die Staatsmacht Präsenz und versuchte die Menschen einzuschüchtern. In der Leipziger Volkszeitung war die Rede von »Rowdys«, die sich am Montagabend in der Innenstadt »zusammenrotteten«, im Großen und Ganzen wurden die Montagsdemos in den offiziellen Ost-Medien allerdings tot geschwiegen. Wenn überhaupt darüber berichtet wurde, war von besagter »staatsfeindlicher Hetze« oder von »konterrevolutionären Elementen« die Rede. Durch die West-Medien und den »Buschfunk«, also durch Mund-zu-Mund-Propaganda, hatten wir gehört, dass es an den vergangenen Montagabenden Verhaftungen gegeben hatte, weswegen wir uns beim ersten Mal eher vorsichtig im Hintergrund aufhielten und uns nicht wirklich bis ins Stadtzentrum, bis zum Nikolaikirchhof trauten, zumal es dort eine besonders auffällige Polizeipräsenz gab. Wir kamen uns ganz schön mutig vor, uns überhaupt ins Getümmel zu stürzen, waren aber auch froh, als wir wieder aus der Gefahrenzone raus waren. Meine Eltern hatten mich gewarnt, ich sollte vorsichtig sein und nicht zu viel riskieren. Sie wussten natürlich auch, dass gerade die Studentenszene an den Montagabenden wissen wollte, was in der Stadt vor sich ging. Aber die Demonstrationen waren in aller Munde, und wir wurden von Woche zu Woche neugieriger und mutiger.

Am Montag darauf, am 25. Oktober, wagten wir uns ein Stückchen weiter vor. Das Stadtzentrum war da schon bedeutend voller, und wir sahen den Demonstrationszug mit Transparenten und hörten die Sprechchöre: »Wir sind das Volk« und »Keine Gewalt«. Gewalt – genau davor hatten wir Angst, denn man spürte, dass es nur den berühmten Funken gebraucht hätte, um die Sache außer Kontrolle geraten zu lassen. Aber es geschah erstaunlicherweise nichts. Wirkten die »Keine Gewalt«-Sprechchöre? Glaubte die Staatsmacht den vielen Menschen auf der Straße, wenn sie »Wir sind keine Rowdys« propagierten. Akzeptierte sie diese Art von Meinungsäußerung? Nicht wirklich, wie wir am darauffolgenden Montag erfahren mussten.

Ich hatte damals einen Trabbi – mein erstes Auto, auf das ich sehr stolz war. Zusammen mit Wolfgang, meinem ehemaligen Klassenkameraden, und damaligen »Herzbuben«-Bandkollegen, fuhr ich in Richtung Innenstadt. Wir parkten etwas außerhalb des Stadtzentrums und gingen zu Fuß in Richtung Nikolaikirche, um uns anzusehen, wie viele Menschen heute auf der Straße sein würden. Wir waren überwältigt. Es waren Massen – im Nachhinein ist die Rede von bis zu 20.000 Menschen, die am 2. Oktober 1989 in Leipzig gegen die Zustände in der DDR protestierten oder besser für ihre Freiheit demonstrierten. Es war unglaublich, wir reihten uns ein, fühlten uns in der Menge gut aufgehoben und dachten, dass nichts und niemand diese Bewegung aufhalten könnte. Den Unentschlossenen, die am Straßenrand standen, wurde in Sprechchören »Schließt euch an!« zugerufen, und viele kamen dieser Aufforderung nach. Wir wurden immer mehr und hatten das Gefühl, dass wir unbesiegbar waren, dass alles friedlich bleiben würde, dass trotz der vielen Polizisten, die in der gesamten

Innenstadt nicht zu übersehen waren, nichts passieren würde. Irgendwann verließen wir den Demonstrationszug und gingen beschwingt zurück zum Auto. Ich erinnere mich nicht mehr, wieso wir auf die Idee gekommen waren, nochmal in die Innenstadt zurückzukehren – dieses Mal in meinem Auto. Irgendwas schien heute noch zu passieren, es war wie die sprichwörtliche Ruhe vor dem Sturm.

Wenn ich heute an diesen Abend denke, an die Euphorie und dieses positive Wir-sind-ganz-schön-viele-Gefühl, dann wundere ich mich über unsere Naivität. Aber wir dachten wohl, wir verpassten was, wenn wir jetzt nach Hause fahren würden. Es waren so viele fröhliche Menschen unterwegs, es fühlte sich an wie eine große, eine einmalige Chance, und es war vor allem die positive, friedliche Stimmung, die uns die Augen vor der Gefahr verschließen ließ. Vielleicht waren wir auch dadurch angestachelt, dass wir dachten, uns in meinem Trabbi sicherer fühlen zu können als zu Fuß. Jedenfalls fuhren wir nochmal los, und zwar genau dahin, wo kurze Zeit später die Luft brennen würde. Ich fuhr über den Leipziger Ring, vorbei an der »Runden Ecke«, der berüchtigten Stasi-Zentrale, die durch sehr viel Polizei abgesichert war, in Richtung Zentrum. Ich wunderte mich, dass wir überall einfach so durchgelassen wurden, wir tasteten uns langsam vor. Überall waren Menschen, so dass wir irgendwann nur noch im Schritttempo fahren konnten. Auf einmal gab es einen Tumult, wir wurden von Polizisten, die die Menge um uns rum auseinandertrieben, im Laufschritt überholt und fühlten uns plötzlich unbehaglich in meinem kleinen Auto aus Pappe. Wir waren fast an der Thomaskirche angekommen, als die Polizisten vor uns eine Kette bildeten. Jetzt ging es weder vor noch zurück – neben uns, hinter uns Menschen und vor uns die geschlossene Polizeikette. Das Klima war aufgeheizt, es herrschte allgemeine Aufregung und wir waren eingekeilt. Rechts, neben der uns einschließenden Menschenmenge, in den Büschen des kleinen Parks, warteten so genannte Betriebskampfgruppen auf ihren Einsatz. Ich fragte einen Polizisten, was ich tun soll, doch der wusste in der allgemeinen Hektik auch nicht, was er mir sagen sollte. Er kam mir regelrecht überfordert vor, er wirkte selbst unsicher und ängstlich, das weiß ich noch. Ich erinnere mich daran, dass ich den Gedanken hatte, dass viele der Polizisten, die da vor uns standen, nicht älter waren als wir selbst. Dazu kam, dass ich von Bekannten wusste, dass viele junge Männer, die ihren Grundwehrdienst leisteten, zur Bereitschaftspolizei eingezogen wurden, und als ich den Gedanken weiter verfolgte, dachte ich: das hätte dir selbst auch passieren können – was wäre eigentlich, wenn du jetzt hier stehen müsstest, auf der anderen Seite? Wie würdest du dich verhalten?

Durch die nur einen kleinen Spalt geöffneten Autofenster hörten wir ein paar Satzfetzen aus Richtung der aufgebrachten Kampfgruppen: »Heute zeigen wir es den Konterrevolutionären, heute kriegen die endlich ihren Denkzettel verpasst.« Uns wurde immer mulmiger und dann, wie aus heiterem Himmel, ging es los.

Diese Bilder vergesse ich niemals – Polizei und Kampfgruppen stürmten in Richtung des sich auflösenden Demonstrationszuges, und die Knüppelei begann. Ein Höllen-Lärm, Geschrei – Chaos. Die Brutalität, mit der die Staatsgewalt gegen die friedlichen Demonstranten vorging, war ungeheuerlich. Ich sah, wie junge Frauen an den Haaren zu Boden gezerrt wurden, wie die Knüppel der Polizisten erbarmungslos auf ängstliche, schmerzverzerrte Gesichter niedergingen, teilweise erkannte ich Demonstranten wieder, mit denen ich vorher im Demonstrationszug unterwegs war. Kommilitonen, die ich auf Partys kennengelernt oder in der Mensa gesehen hatte. Alle waren in Panik! Uniformierte traten wie von Sinnen auf am Boden liegende, wehrlose Menschen ein und hörten gar nicht wieder auf. Scharfe Polizeihunde wurden auf Demonstranten losgelassen, es kam mir vor wie ein langer, nicht enden wollender brutaler, hässlicher Film, und wir saßen wie erstarrt mitten in diesem Tumult in meinem zerbrechlichen Trabbi. Die Bilder, die ich noch heute im Kopf habe, kommen mir vor wie in Zeitlupe. Es war laut, hektisch und beängstigend, von überall her schienen immer mehr und mehr Polizisten und Polizeifahrzeuge zu kommen. Wir waren geschockt und verstört. Was sollten wir tun? Wir konnten doch nicht einfach so zusehen. Es war eine unwirkliche Situation. Ich saß mit Wolfgang im Auto inmitten dieser brutalen Szenerie. Wir brüllten uns nicht panisch an oder versuchten gar hektisch, den Trabbi zu verlassen, um abzuhauen. Wir starrten regungslos aus dem Fenster und verstanden die Welt nicht mehr.

Als diese Orgie der Gewalt dann irgendwann vorbei war, durften wir, nachdem unsere Ausweise kontrolliert worden waren, weiterfahren. Wir waren froh, dass wir dieses Chaos unbeschadet überstanden hatten.

Als ich an diesem Abend im Bett lag, konnte ich vor Aufregung und Adrenalin nicht schlafen. Ich versuchte, das Erlebte Revue passieren zu lassen, und ich fühlte mich unendlich hilflos. Eine solche Form von Gewalt hatte ich noch nie erlebt, ich wusste nicht, wie ich damit umgehen sollte. Auf jeden Fall war mir an diesem Abend klar, dass das Thema Montagsdemonstration für mich erstmal erledigt war. Einerseits war ich froh, dass ich ohne Blessuren davongekommen war, dass ich zuhause in Sicherheit und nicht in irgendeinem Stasi-Knast war, andererseits hatte ich auch ein schlechtes Gewissen, dass ich dabei zugesehen hatte, wie unschuldige, friedliche Menschen brutal zusammengeknüppelt worden waren. Auch wenn ich mich immer wieder selbst beruhigte, sozusagen vor mir selbst versuchte, mich von Schuld freizusprechen, auch wenn ich mir immer wieder sagte, dass ich in dieser Situation sowieso nichts anderes hätte tun können, fühlte ich mich schuldig.

Als ich später erfuhr, dass ein Teil der Demonstranten an diesem 2. Oktober 1989 vergeblich versucht hatte, in der Thomaskirche Schutz zu finden, als sich herumsprach, dass an diesem Tag die Türen der Kirche erbarmungslos verschlossen blieben, trotz verzweifelter Rufe von Menschen, die wirklich Hilfe gebraucht hätten, verwandelte sich meine Ohnmacht in Wut. Die Kirchentüren, durch die ich so oft ein und ausgegangen bin, weil ich in dieser Thomaskirche, die ich kannte wie keine andere, groß geworden war, weil ich dort sozusagen meine Kindheit verbracht hatte, diese Türen waren gnadenlos verschlossen geblieben, als

Schutz suchende verzweifelt dagegenhämmerten. Der damalige Pfarrer, der in seinen Predigten, in denen es um Nächstenliebe und Erbarmen ging, immer davon gesprochen hatte, wie wichtig es sei, sich um die Mühseligen und Beladenen zu kümmern, dieser Pfarrer hatte im wahren Leben, als es wirklich drauf ankam, etwas anderes getan, er hatte diese Menschen im Stich gelassen, und das fand ich einfach nur widerlich und verabscheuungswürdig. Wie bereits erwähnt fasste ich an diesem Tag den Entschluss, aus der Kirche auszutreten.

Viele Monate später, als darüber diskutiert wurde, welcher Tag in Zukunft der neue Nationalfeiertag des wiedervereinigten Landes werden solle, gab es verschiedene Vorschläge. Für viele war es der Tag des Mauerfalls, der 9. November. Dieses Datum war aber negativ besetzt durch die Pogrome der Nazis am 9. November 1938, die so genannte »Reichskristallnacht«. Einige hätten es gern gesehen, wenn es der 17. Juni, der Jahrestag des Volksaufstandes 1953 geworden wäre, vielen gefiel ein anderer Vorschlag besser. Ein Tag, der für die Wiedervereinigung von Ost und West eine große Rolle gespielt hatte, der die Weichen dafür gestellt hatte, dass die Friedliche Revolution auch wirklich friedlich geblieben war: der 9. Oktober 1989. Jeder, der an diesem denkwürdigen Tag in Leipzig war, wird ihn nicht vergessen, an diesem Montag wurde Geschichte geschrieben.

Die Montagsdemonstration war mittlerweile zu einer festen Größe geworden und nicht nur in und um

Leipzig fieberten die Menschen diesem 9. Oktober entgegen. Was würde passieren? Würden noch mehr Menschen auf die Straße gehen, um ihren Unmut zu bekunden? Würde die Staatsmacht die Proteste dieses Mal mit noch mehr Härte niederschlagen? Auch in den staatlich gelenkten Medien wurde der Ton schärfer. In der Leipziger Volkszeitung war zu lesen, dass ab jetzt mit aller Härte gegen die »konterrevolutionären Kräfte« vorgegangen werde, »wenn es sein muss, mit der Waffe in der Hand«, und genau dieser Halbsatz machte uns hellhörig. Über der Stadt lag ein Schleier der Ungewissheit, es war wie die sprichwörtliche Ruhe vor dem Sturm. Im Zentrum waren schon am Nachmittag Wasserwerfer in Stellung gebracht worden und Gerüchte machten die Runde, dass heute Abend scharf geschossen werden würde, dass die Krankenhäuser in und um Leipzig vermehrt Betten frei gemacht und Blutkonserven bereitgestellt haben sollten. Wichtig für dieses Klima der Unsicherheit und Angst war auch, dass kurz vorher, Anfang Juni, ein Thema die weltweiten Medien bestimmt hatte: Das Massaker auf dem Platz des Himmlischen Friedens in Peking. Friedliche Studentenproteste gegen die Staatsmacht waren mit Panzern blutig niedergeschlagen worden. Es hatte unzählige Tote gegeben, und die Staatsführung der DDR hatte dieses brutale Vorgehen gegen die Demonstranten sogar ausdrücklich gutgeheißen. In Leipzig war in diesen Tagen die Rede von der so genannten »chinesischen Lösung«.

All das sorgte dafür, dass sich mein Entschluss vom letzten Montag, dieses Mal nicht zur Demo zu gehen, mehr und mehr verfestigte. An der Tafel im Foyer der Hochschule für Musik stand in etwa Folgendes geschrieben: »Geht heute nicht zur Demo – wer das Gespräch sucht: Wir treffen uns 18:00 Uhr am Bläserhaus« (einer Außenstelle, in der Nähe der Hochschule). Ich beschloss, genau da hinzugehen, ich wollte nicht einfach zuhause rumsitzen, wollte wirklich »das Gespräch suchen«. Als ich dann, zusammen mit ein paar Studienfreuden, dort ankam, war niemand da, und wir ärgerten uns, dass wir scheinbar einer Finte aufgesessen waren, deren ausschließliches Ziel es wohl gewesen war, möglichst viele Studenten davon abzuhalten, an diesem Montagabend ins Stadtzentrum zu gehen. Genau dahin machten wir uns nun auf den Weg, und schon von weitem sahen wir die Menschenmassen, die allerdings bereits in Auflösung begriffen waren. Es war eine unglaubliche, eine gelöste Stimmung in der Stadt. Lächelnde Menschen kamen uns entgegen, es wurde gesungen, überall innerhalb des Innenstadtringes, vor allem aber vor der Stasi-Zentrale brannten Kerzen, die dort als Zeichen der Friedfertigkeit von Demonstranten zurückgelassen worden waren, es war wunderbar. Gleichzeitig ärgerte ich mich über mich selbst. Die wirklich wichtige, die heiße und eben auch gefährliche Phase dieser Demonstration, der friedliche Protestzug um den Ring, war längst vorbei. Und ich war nicht dabei gewesen, weil ich mich nicht getraut hatte, weil ich eine Woche vorher gesehen hatte, was passieren kann, weil ich Angst hatte, zu Schaden zu kommen.

Die Zahl der Demonstranten wurde in den nächsten Tagen mit 70.000 beziffert, und das waren wohl einfach zu viele, als dass die zusammengezogenen

Truppen von Polizei, Kampfgruppen und Armee sie hätten im Zaum halten können. Niemand hatte damit gerechnet, dass es so viele Leute werden würden. Es gibt viele Berichte von Zeitzeugen, von Demo-Teilnehmern, damals verantwortlichen Entscheidungsträgern von Polizei oder Politik, die versuchen zu erklären, warum am Ende wirklich alles friedlich geblieben ist. Natürlich war wohl das Wichtigste, dass der Slogan »Keine Gewalt« wirklich Programm war. Dass das bei einer derartig großen Polizeipräsenz, bei so einer gewaltigen Drohkulisse möglich war, hat ganz sicher viel mit der Besonnenheit der Verantwortlichen auf beiden Seiten zu tun.

Unbedingt zu erwähnen ist auch der »Aufruf der sechs« von mutigen Leipzigern um Professor Kurt Masur, den damaligen Gewandhaus-Kapellmeister. Dieser Aufruf, der am Abend des 9. Oktober 1989 über den Stadtfunk, einer Anlage mit über 200 Lautsprechern im Zentrum Leipzigs, gesendet wurde, spielte eine eminent wichtige Rolle. Verlesen von Kurt Masur hörten ihn alle, die sich zu diesem Zeitpunkt in der Innenstadt aufhielten, ob sie wollten oder nicht – alle Demonstrations-Teilnehmer, aber eben auch alle Sicherheitskräfte, Polizisten, Kampfgruppen oder auch Stasi-Leute. In der ganzen Stadt hörte man diese Worte: »Unsere gemeinsame Sorge und Verantwortung haben uns heute zusammengeführt. Wir sind von der Entwicklung in unserer Stadt betroffen und suchen nach einer Lösung. Wir alle brauchen einen freien Meinungsaustausch über die Weiterführung des Sozialismus in unserem Land. Deshalb versprechen die Genannten heute allen Bürgern, ihre ganze Kraft und Autorität dafür einzusetzen, dass dieser Dialog nicht nur in der Stadt Leipzig, sondern auch mit unserer Regierung geführt wird. Wir bitten Sie dringend um Besonnenheit, damit der friedliche Dialog möglich wird. Es sprach Kurt Masur.«

Und dieser Aufruf hatte seine Wirkung, es fiel kein Schuss, und niemand kam zu Schaden, wurde verletzt oder gar getötet.

Die Welle schien einfach zu groß geworden zu sein, und erfreulicherweise gab es keine Provokationen seitens der Demonstranten, die einen Vorwand zum Einschreiten der Sicherheitskräfte gegeben hätten. Vor allem vor dem Hintergrund der von allen gefürchteten »chinesischen Lösung« ist es wirklich ein unfassbares Glück. Sicher hat jeder, der damals dabei war, eine sehr subjektive Wahrnehmung, was dann auch schnell zur Legendenbildung beitragen kann. Immer wieder habe ich später Leute erlebt, die mit glänzenden Augen von ihren Heldentaten bei den Leipziger Montagsdemos berichteten – in der ersten Reihe, von Anfang an dabei, »ohne mich wäre das damals alles ganz anders gelaufen« und so weiter. Sicher ist es verständlich, dass Erinnerungen sich im Laufe der Jahre verändern. Auch ich weiß nicht, ob alles, woran ich mich glaube zu erinnern, der objektiven Wahrheit entspricht, aber ich versuche ehrlich zu bleiben, und vor allem versuche ich nicht, mich zum Helden zu stilisieren, weil ich sehr genau weiß, dass das nicht die Wahrheit wäre. Natürlich erzähle ich heute nicht wirklich gern davon, dass ich ausgerechnet an diesem wichtigen 9. Oktober nicht bei der Demonstration dabei war, aber ich war garantiert nicht der Einzige, dem es so ging, denn die Leute hatten damals wirklich Angst. Die Gefahr war sehr real: Es hätte auch anders ausgehen können, es hätte wirklich zu einem furchtbaren Blutbad kommen können. Umso mehr muss man all den Menschen, die es damals trotzdem gewagt haben, auf die Straße zu gehen, Respekt zollen. Das waren mutige Menschen, das waren Helden, die ihre Angst überwunden haben um etwas zu bewegen. Und diese Menschen des 9. Oktober 1989 in Leipzig haben wirklich etwas bewegt.

Die Friedliche Revolution ist heute Geschichte.
27 Jahre später, im Frühjahr 2016 schrieb ich folgende Kolumne:

Club Twentyseven

Jimi Hendrix, Janis Joplin, Jim Morrison, Brian Jones, Kurt Cobain, Amy Winehouse – schillernde Namen der Popmusik-Geschichte. Sie alle haben eines gemeinsam: Sie sind im Alter von 27 Jahren gestorben, frei nach dem Motto: lebe schnell und intensiv – stirb jung. Heute gibt es Leute die sagen: Ein Glück – so konnten sie dann später, im fortgeschrittenen Alter, keine Peinlichkeiten mehr verzapfen, sowohl künstlerisch als auch im privaten Leben. Sie sind so nicht in die Verlegenheit gekommen, ihr Denkmal zu zerstören, oder vielleicht wäre ein solches ohne den frühen Tod gar nicht erst errichtet worden. Für immer wird das Bild des jungen Helden bestehen bleiben. Ich könnte jetzt sagen: Für mich ist dieser Zug schon lange abgefahren. Dieses Jahr werde ich 50 und bin somit definitiv zu alt, um jung zu sterben – da gibt es keine Diskussion. 27 – ich mit 27 Jahren – das waren noch Zeiten ... Knallrote Haare und jeden Abend vor 10.000 kreischenden Menschen Musik gemacht, permanent in Radio und Fernsehen und gefühlt unverwundbar. Und vor 27 Jahren war ich laut Adam Riese 23 und erlebte auch eine aufregende Zeit. Ich war Student an der Musikhochschule Felix Mendelssohn Bartholdy, hatte meine Band und wollte unbedingt Popstar werden. Aber es war auch die Zeit, in der ich politisch angeknipst worden bin. Herbst 1989 – Montag für Montag gingen die Leute in Leipzig friedlich mit Kerzen um den Innenstadt-Ring und haben damit die Grundlage geschaffen, dass kurz darauf die Mauer fiel. Das war ein Wunder – die bis dahin einzige »Friedliche Revolution« und ich war dabei, habe Texte für Lieder geschrieben, die teilweise täglich geändert werden mussten, weil die Zeit eben so schnelllebig war, weil von heute auf morgen Dinge passierten, die kurz vorher noch unvorstellbare Utopien waren. Alles schien möglich zu sein, es war eine ungeheure Aufbruchstimmung, die Welt schien uns zu Füßen zu liegen und kurz danach wurden wir wirklich Popstars – alles war perfekt ...

Und jetzt? Jahre später? Der Wind hat sich gedreht, es scheint eine andere Art von Aufbruchstimmung vorzuherrschen – Aufbruch in eine andere Richtung. Keine Kerzen mehr auf dem Leipziger Ring, keine friedlichen Proteste, ein anderer Ton, ein wütender, ausgrenzender, hassender ...

Ist die Friedliche Revolution von 1989 tot? Mit 27 Jahren gestorben? Hat sie sich selbst weggejongliert? Ich hoffe, sie hat nur einen Schwächeanfall und rappelt sich bald wieder auf. Aber das geht nicht von alleine, da müssen wir uns schon ein bisschen Mühe geben, wir müssen es wollen und wir sollten uns vor allem darum kümmern, Spaß daran zu haben, sie wieder gesund zu machen, dann sollte es eigentlich ganz leicht sein.

Ich zum Beispiel habe heute nach wie vor Spaß daran, Lieder zu singen und würde am liebsten hier und jetzt mein neuestes vorsingen. Das geht leider nicht (ist ja 'ne Kolumne) – aber den Text kann ich aufschreiben, in der Hoffnung, den, der ihn liest, damit anzuknipsen, sich dafür einzusetzen, dass die Friedliche Revolution nicht im Club 27 verendet, sondern bald wieder auf die Beine kommt ... In diesem Sinne: Gute Unterhaltung!

Mein rechter, rechter Platz
Der ist schon lange nicht mehr leer
Hier bei uns in Sachsen
So berichten die Ermittler
Die finsteren Zeiten sind
In Dunkeldeutschland lange her
Doch heut sagt hier so mancher wieder gern
»Heil Hitler«

Wo sind eigentlich
All die Nazi-Skins
Aus den Neunzigern hin
Was sind das für Leute
Was machen die heute
Ungefähr so alt wie ich
Die ha'm sicherlich
Genau wie ich
Damals Kinder gekriegt

Was machen die heute
Was sind das für Leute heute
Ich seh mich mal um

Mein rechter, rechter Platz
Jetzt hör mal zu, es ist genug
Hier bei uns zuhause
Halten wir den Laden sauber
Lass mal die Moschee im Dorf
Und lass das mit dem Hassen
Das ist doch nicht zu fassen
Ich glaub ich muss dich
Rechts liegen lassen

Volksverräter, Lügenpresse
Deutschland peinlich Abendland
Kleines Herz und große Fresse
Hand in Hand

Mein rechter, rechter Platz
Der ist schon lange nicht mehr leer
Das wird erstmal so bleiben
Es sind halt bewegte Zeiten
Besorgte, die nach unten treten
Habens bei mir schwer
Mit euch werd ich mich immer streiten
So wie ihr tickt, das kann ich nicht leiden
Nicht weinen – das lässt sich nicht vermeiden

Musik & Text: Sebastian Krumbiegel
© Tapete Songs

(Ein kostenloser Download dieses Songs ist verfügbar über den QR-Code auf dem Buchumschlag.)

10 »ÜBER NACHT POPSTAR«

Annettes Hilfe, Rios Reis und Udos Underberg
Die Mauer war gefallen, und die Zeiten für Musiker in der DDR wurden von heute auf morgen härter. Plötzlich interessierte sich niemand mehr für all die Bands, die kurz vorher noch die Clubs und Hallen gefüllt hatten. Wir waren mit den Herzbuben noch nicht wirklich bekannt gewesen, hatten noch keine Platte veröffentlicht, aber ein paar Lieder liefen im Radio, so dass wir eine Art Geheimtipp waren und live gut zu tun hatten. Das änderte sich dann quasi über Nacht. Und das war bei allen Ost-Bands so. »Amor und die Kids«, die Band meines Freundes Tobias, der kurz danach bei den »Herzbuben« einsteigen sollte, war davon genauso betroffen. Ich war viel mit dieser Band unterwegs. Einfach so, als Fan oder auch als Gast – manchmal durfte ich bei einem Song Schlagzeug spielen oder eine zweite Stimme singen –, es war immer ein Happening, mit auf Tour zu sein. Sie waren Ende der 80er schon sehr viel bekannter als wir, spielten in vollen Häusern und hatten eine treue Fangemeinde – bis 1990.

Im Frühsommer war ich wieder mit ihnen auf dem Weg zu einer Show. Ein Open-Air-Konzert im sächsischen Radebeul stand auf dem Plan. Wir kamen an, die Bühne war aufgebaut, die Technik fertig, nur es war keiner da – buchstäblich niemand wollte die Band hören. Wir alle verstanden die Welt nicht mehr. Unverrichteter Dinge und extrem frustriert fuhren wir zurück nach Leipzig und überlegten, wie es weitergehen konnte. Viele Musiker waren in diesen Tagen und

Wochen mehr als durcheinander. Einige beschlossen, die Musik an den Nagel zu hängen und in den alten Beruf zurückzukehren, sie deuteten die Zeichen der Zeit und begannen, sich auf die Suche nach etwas anderem zu machen. Tobias sagte mal: Eines Tages wachte ich auf, und alle meine ehemaligen Bandkollegen waren Versicherungsvertreter oder Banker – das traf es wohl am ehesten.

Doch auch wenn wir irritiert waren, hatten wir doch alle noch immer den großen Popstar-Traum im Herzen. Wir schickten Demo-Tapes an alle möglichen Plattenfirmen und Verlage, in der Hoffnung, dass irgendwann mal jemand auf unsere großartige A-cappella-Kunst aufmerksam werden würde. Ich habe mich bei Konzerten anderer Bands und Künstler immer gern in den Backstage-Bereich geschlichen, schaffte es bei dem mittlerweile legendären ersten Konzert von Udo Lindenberg nach dem Fall der Mauer sogar, mich bis zu Udo vorzuarbeiten und ihm ein Demotape von uns zu geben, nach dem Motto: Ich mach auch Musik, hier – hör dir das mal an!

Es passierte allerdings nichts, und wir merkten, dass das Geld langsam knapp wurde und wir uns irgendwas würden einfallen lassen müssen. Eines Tages rief mich Dirk Zöllner, ein befreundeter Musiker aus Ost-Berlin, an und fragte, ob wir nicht Lust hätten, zu einer Art Vorspiel zu kommen – heute würde man so etwas wohl »Casting-Show« nennen. In den legendären Hansa-Studios in West-Berlin hörten sich Musikproduzenten und Verleger alle möglichen jungen Bands und Künstler an, in der Hoffnung, etwas Originelles zu finden. Wir fuhren nach Berlin in der Hoffnung auf einen Plattenvertrag oder wenigstens neue Kontakte, die uns irgendwie weiterbringen würden. Damals noch zu viert stellten wir uns hin, hatten nichts zu verlieren und überzeugten die Jury durch unsere unverbrauchte, etwas respektlose Art, unsere Texte und die bis dahin nicht bekannte Form des A-cappella-Gesangs. Die Verleger Peter Meisel und George Glueck waren angetan, und dann ergab eins das andere. Im ZDF wurde eine neue Sendung ins Programm gebracht: »Hut ab« präsentierte junge Künstler, und wir waren dabei, machten zwar nicht den ersten Platz, aber auf uns aufmerksam. George Glueck vermittelte einen Kontakt zu Annette Humpe, und zu unserem großen Erstaunen wollte sie uns in Leipzig besuchen – die legendäre Ideal-Sängerin wollte wissen, wie wir wohnten, wie wir tickten. Das fanden wir einfach unglaublich. Unser damaliger Manager hatte sich gerade einen alten Mercedes gekauft. Damit fuhren wir ganz stolz zum Flughafen, um sie abzuholen. Wir hatten es immer noch nicht richtig begriffen, dass sie zu uns nach Leipzig kommen wollte, und plötzlich stand sie da. Eher unscheinbar, gar nicht Popstar-mäßig.

Wir verbrachten viel Zeit miteinander und merkten, dass sie einerseits eine »ganz normale« Frau war, dass sie aber andererseits auch genaue Vorstellungen davon hatte, was sie wollte. Sie kam auch mit zu einem Konzert von Tobias' Band und fand vor allem ihn irgendwie richtig gut. Ein durchgeknallter Kerl mit gefärbten Haaren, Fingernagellack, geschminkt und dazu hatte er damals immer eine Art Uniformjacke an. Sie sagte mir damals: »Nimm den doch in deine Band – der passt gut, und außerdem scheint ihr euch ja wirklich gut zu verstehen.« Tobias hatte zwar damals noch seine eigene Band, aber die wollte keiner mehr wirklich hören. Wir verfolgten gegenseitig, was wir so machten. Ich war ja sowieso schon oft mit »Amor und die Kids« unterwegs gewesen und fand das, was die machten, wirklich cool. Er hingegen konnte sich anfangs gar nicht vorstellen, bei uns mitzumachen. Irgendwann hatte ich ihn eingeladen, sich mal einen Auftritt von uns anzusehen. Leider war das ausgerechnet einer von den nicht gerade repräsentativen Höhepunkten unseres Schaffens. Wir sangen auf dem Leipziger Weihnachtsmarkt »White Christmas« und »Oh when the Saints«, und er outete sich an diesem Tag nicht gerade als Fan unserer Kunst. Es sollte noch eine Weile dauern, bis ich ihn davon überzeugen konnte, bei uns mitzumachen. Die ersten Demos, die zusammen mit Annette entstanden, nahmen wir in Wolfgangs Wohnung in Leipzig auf. »Wohnung« ist vielleicht etwas übertrieben – die Wände waren feucht, teilweise regnete es rein, aber das tat unserer, vor allem Wolfgangs Kreativität keinen Abbruch. Er hatte sich kurz vor der Währungsunion für viel Geld ein analoges Vierspur-Gerät gekauft und mischte unglaublich viele Gesangsspuren zusammen. Die Spielregel war: keine Instrumente, nur Stimmen, und Wolfgang war ein Meister darin, die einzelnen Gesangsspuren zusammenzumischen. Annette fand das gut und organisierte bei einem Bekannten in Hamburg die ersten »richtigen« Aufnahmen. Ich weiß noch, dass ich »Gabi und Klaus« vor einem geöffneten Kleiderschrank sang – die dort aufgehängten Hemden dienten als Schall-Dämmung. Das Ergebnis klang richtig gut – ein voller A-cappella-Sound, wir waren mächtig stolz. Dann kam Annette irgendwann mit der Frage um die Ecke: »Wollt ihr weiter Kleinkunst machen, oder wollt ihr Popstars werden?« Popstars – ja, wir wollen Popstars werden! Klar, das war unsere Antwort. Naja – dann muss hier ein Rhythmus dazu krachen – fette Grooves, die aus dieser A-cappella-Musik radiotaugliche, kommerzielle Popmusik machen.

Damals war der Remix von Suzanne Vegas »Tom's Diner« ein Riesenhit. Annette hatte die Idee, den Beat zu sampeln und unter unser »Gabi und Klaus« zu legen. Ganz ehrlich – am Anfang war ich entsetzt: Du zerkloppst unsere schöne A-cappella-Kunst! Aber kurz danach, als die Radios das Lied hoch und runter spielten, wussten wir: Sie hatte recht – und dafür werden wir ihr immer dankbar sein.

Anfang 1991 – das war dann auch die Zeit, als Tobias sich dazu durchrang, bei uns einzusteigen. Wir hatten einen Termin bei Jim Rakete, dem legendären Fotografen aus Berlin, und fuhren ganz aufgeregt in Leipzig los zu unserer ersten Fotosession. Mit Tobias hatte ich besprochen, dass wir bei ihm vorbeikommen und ihn einsammeln. Der Rest der Band wusste davon vorher nichts. Nach anfänglicher Überraschung fanden das dann aber alle gut, und so nahmen die Dinge ihren Lauf: Auf dem ersten Single-Cover waren fünf schräge Typen zu sehen: Wolfgang, Henri, Jens und ich – und Tobias. Natürlich stilecht mit seiner heiß geliebten Uniformjacke. Die Band war geboren, und es konnte losgehen. Später wurde es fast ein geflügeltes Wort, wenn wir in jedem Interview sagten: Wir machen seit 1987 in dieser Besetzung zusammen Musik, aber im Februar

1991 stieg Tobias ein und seitdem geht es nur noch bergauf. Bis heute singen wir in dieser Konstellation zusammen, seit mehr als einem Vierteljahrhundert ohne Besetzungswechsel, das ist, glaube ich wirklich, nicht alltäglich. Darüber bin ich sehr froh und darauf bin ich auch ein bisschen stolz.

Als unsere erste Single in die Charts einstieg, fing die Plattenfirma an zu drängeln: Sofort ins Studio – ihr müsst so schnell wie möglich die LP fertigmachen! Das war im Frühsommer 1991, und es begann eine lange Zeit, in der wir Wochen und Monate im Hamburger Boogiepark-Studio verbrachten. Da wir damals wirklich

kein Geld hatten, waren wir froh, dass wir im Studio immer einen gefüllten Kühlschrank vorfanden und uns keine Sorgen machen mussten, wovon wir Kost und Logis bezahlen sollten. Wir wohnten in einer Wohnung in Altona, waren kreativ und machten den ganzen Tag das, was wir am liebsten machten: Musik. Außerdem lernten wir jede Menge Leute kennen, und wir erfuhren schnell, dass die Mentalität der Hamburger eine andere war als unsere. Einerseits der eher kühlen, zurückhaltenden hanseatischen Art wegen, andererseits war es aber sicher auch der Ost-West-Unterschied. Annette hatte sich einen Spaß daraus gemacht, immer mal wieder Freunde und Bekannte ins Studio einzuladen, um ihnen die exotischen, komischen Vögel aus dem Osten vorzustellen, nach dem Motto: Guck mal hier, die Ossis – sie können fließend sprechen, sind gar nicht so doof, können mit Messer und Gabel essen und dazu noch Lieder singen, die sie selbst geschrieben haben. Journalisten, Musiker und andere Weggefährten von Annette gaben sich die Klinke in die Hand.

Eines Tages stand ein junger, sympathischer Kerl in der Küche und stellte sich vor: »Hallo, ich bin Rio und koche heute für euch.« Rio? Rio Reiser? Der sagenhafte Sänger der »Ton, Steine, Scherben«. Annette hatte mit ihm »Rio I.« produziert, sein erstes Solo-Album, das ich in- und auswendig kannte und liebte. Der Sänger und Autor von Liedern wie »Junimond«, »Für immer und dich« oder »König von Deutschland«, interessierte sich für uns und unsere Musik! Wir hatten einen herrlichen Abend, redeten über Gott und die Welt, aßen sein gekochtes Risotto, und ich konnte es einfach nicht fassen.

Ein paar Jahre später haben wir ihn wiedergetroffen. Es war bei einer Branchenparty der Musikindustrie, irgendwo in Berlin. Eine damals typische Veranstaltung, auf der uns die Plattenfirma stolz als den neuen heißen Act präsentierte. An einem lauen Sommerabend wurden Häppchen gereicht, Champagner wurde getrunken und man begrüßte einander mit »Naaaa? Alles schick? Gut siehst du aus!« Und der übliche Small Talk machte die Runde. Solche Art »Get together« nervte uns eher, aber das gehörte nun mal dazu. Umso mehr freute ich mich, als ich Rio sah, der allerdings sehr betrunken, mit zwei Hunden an der Leine, den Laden aufmischte und die Leute beschimpfte – uns auch. Er schien uns nicht wiederzuerkennen, auch als ich versuchte, mich ihm in Erinnerung zu bringen. »Ah ja – ihr seid jetzt wohl hier die neuen Stars, oder was?!« Er war ein Schatten seiner selbst, von dem sympathischen, charmanten Kerl aus dem Boogiepark-Studio vor ein paar Jahren war nichts mehr übrig, und ich fragte mich, was mit ihm passiert war. Rio Reiser war einer meiner Helden gewesen, und er ist es heute immer noch. Damals war ich durcheinander und verstand es nicht – heute weiß ich, dass er vieles nicht verkraftet hat, was mit ihm und um ihn herum passiert war. Er war der klassische Exzessor, ein intensiv und schnell lebender Künstler, eine Kerze, die von beiden Seiten brannte, und er kriegte leider nicht die Kurve und hat sich irgendwann selbst wegjongliert. Niemals würde ich ein böses Wort über ihn verlieren, auch wenn er sicher einige um sich rum nicht immer gut behandelt hat. Er war ein ganz großer Künstler, und er wird so in Erinnerung bleiben, wie wir ihn geliebt haben: ein

Sänger und Songschreiber, dem ich jedes Wort, jeden Ton abnehme, der mich tief berührt und in mir Gefühle weckt und Saiten zum Schwingen bringt wie kaum ein anderer.

Und noch einer kam durch die Studiotür des Boogiepark-Studios geschwebt. Dieser Mann darf nicht fehlen, wenn es um Künstler geht, die mich beeinflusst haben. Seit meiner frühesten Kindheit habe ich seine Musik gehört, seine Texte verinnerlicht und durch seine Lieder Klavierspielen gelernt. Ich wollte selbst das singen, was er sang, und habe mir die Harmonien rausgehört und versucht, mich selbst zu begleiten. Udo Lindenberg – meine Eltern hatten damals eine Musikkassette mit dem Titel »Starke Lieder« – hauptsächlich mit Liedermachern, aber eben auch mit »Hoch im Norden« von Lindenberg. Ich war als vielleicht zehnjähriger Junge sofort angeknipst und wollte mehr von ihm hören. Als ich das erste Mal »Rock-'n'-Roll-Arena in Jena« hörte, war es um mich geschehen. »Ich würd so gerne bei euch mal singen – meine Freunde in der DDR ...« – da war ein Typ, der sang wirklich für mich.

Und genau dieser Mann stand dann plötzlich vor uns, als wir unser erstes Album aufnahmen. Es war unfassbar. Er hörte sich unsere Musik an und bat uns, ihm einen Chor auf eines seiner Lieder zu singen. Wir zusammen mit Udo Lindenberg – wir konnten unser Glück kaum fassen. Er schien Spaß daran zu haben, uns sein Hamburg zu zeigen, und wenn das Udo Lindenberg tut, dann hat das nichts mit touristischen Pfaden aus schicken Hochglanz-Reiseführern zu tun. Wir begleiteten ihn über die nächtliche Reeperbahn, er führte uns in finstere Keller, in dubiose Läden mit noch dubioseren Hinterzimmern und er stellte uns allen möglichen Kiez-Größen vor. Wir lernten das legendäre Salambo kennen, einen Laden, den es so heute nicht mehr gibt. Wir betraten die Backstage-Bereiche und wurden durch ihn ins Allerheiligste eingelassen. Kalle Schwensen, René Durand, Corny Littmann, Domenica – plötzlich waren wir mittendrin im Hamburger Nachtleben. Udo lud uns überall ein, was uns auf die Dauer etwas unangenehm war. Irgendwann, es war im Salambo (das er übrigens als »mein Büro« bezeichnete), sagte ich dann nach drei Bier und zwei Tassen Kaffee, dass ich jetzt doch bitte auch mal die Rechnung übernehmen wollte, was ich dann tat. Von den Preisen dort hatte ich keine Ahnung und war leicht geschockt, als ich weit über 50 Mark bezahlen sollte. Wieder was gelernt – in einem Laden, der damit warb, dass auf der Bühne originaler Live-Sex gezeigt wurde (wobei nicht selten das Publikum Teil der Show war), hatte eben alles seinen Preis.

Kurz danach erschien unser erstes Album, und mit einem Schlag liefen mehrere unserer Lieder im Radio rauf und runter. Udo beschloss, uns mit auf Tour zu nehmen, nicht als Vorprogramm, sondern – »meine Freunde aus Leipzig« – als Gäste, die ein paar Lieder mit ihm zusammen singen und ein paar alleine. In diesen Tagen ging der Popstar-Film dann so richtig los.

Große Hallen, zwischen fünf- und zehntausend Menschen jeden Abend – es war unfassbar. Einerseits auf der Bühne, weil das Publikum uns wirklich mochte und wir unseren Spaß hatten, andererseits aber auch vor der Bühne. Fast jeden Abend stand ich im Graben und habe meinen Helden aus nächster Nähe bewundert, mal mehr aber eben leider auch mal weniger. Udo war zu dieser Zeit ziemlich hart auf Alkohol unterwegs, deshalb nannten wir diese Tour im Nachgang auch scherzhaft »die legendäre '92er Udo-Underberg-Tour«.

Es gibt Dinge, die kannst du in keiner Schule, bei keinem Studium lernen, die lernst du nur auf der Straße. On the road, auf Tour, am besten auf einer chaotischen Rock-'n'-Roll-Tour mit vielen schrägen Vögeln, vor allem natürlich dem Obervogel Udo, der Nachtigall, dem

Meister. Dieser hatte Party-Time ausgerufen, und da waren wir gern dabei, meist bis in die frühen Morgenstunden. Leider war der, unter dessen Namen dieser ganze wundersame Zirkus überhaupt unterwegs war, immer weniger in der Lage, auf die Bühne zu gehen und eine gute Figur zu machen. Es waren teilweise bittere Momente, und ich merkte, dass ich mit ihm litt – vor der Bühne, auf der Bühne und hinter der Bühne ... Zu dieser Zeit gab es noch keine Teleprompter, deshalb hatte er die Songtexte in einem großen Heft vor sich auf dem Boden liegen. Die Seiten waren in Folie eingeschweißt, damit er sie mit dem Fuß umblättern konnte. Dabei ist er mehrmals torkelnd gestrauchelt, manchmal sogar hingefallen.

Dann mussten leider Konzerte verschoben und später, gegen Ende der Tour, sogar ganz abgesagt werden. In Heidelberg war es besonders heftig. Es war schon der um ein paar Wochen verschobene Nachhol-Termin. 20:00 Uhr, die Halle war voll, die Leute waren zum zweiten Mal da, um Udo zu sehen, und – sie sahen ihn nicht. Wir saßen in unserer Garderobe, warteten wie jeden Abend Punkt acht auf das Intro und nichts passierte. Wir wunderten uns zwar, dachten aber, dass es jeden Moment losgehen würde. Nach zehn Minuten kam Eddy Kante, Udos Bodyguard, ganz aufgeregt in die Garderobe und brüllte: »Was macht ihr denn noch hier, wir müssen abhauen, los beeilt euch, schnell, wir müssen hier weg!« Unsere Garderobe war auf der anderen Seite des Ausgangs, so dass wir uns hinter dem Schlagzeug-Podest über die Bühne schleichen mussten, während der in dieser Situation nicht unbedingt zu beneidende Tourleiter einer aufgebrachten Menge von sieben- oder achttausend zornigen Menschen erklären musste, dass Udo leider eine Lebensmittel-Vergiftung hat und heute Abend nicht ... Buuuh! Ein gellendes Pfeifkonzert ertönte, und der Unmut machte sich Luft. Es flogen Gegenstände auf die Bühne, das war echter Volkszorn, der uns da entgegenwehte, und wir waren froh, als wir endlich im Bandbus und weg waren.

Nach dieser Tour musste Udo mal wieder für eine Weile ins Krankenhaus, und mal wieder machten Nachrichten die Runde, dass er es mit einem utopischen Promille-Wert mal wieder geschafft hat, dem Sensenmann gerade noch so von der Schippe zu springen.

Es heißt ja immer, man solle besser vermeiden, einem Idol oder jemandem, den man verehrt oder bewundert, zu nahe zu kommen, damit man sich die Erfahrung einer eventuellen Enttäuschung erspart. Ich weiß nicht, ob ich enttäuscht war, ich war eher irritiert und verstört, und ich wollte ihm eigentlich immer nur helfen, wenn er mal wieder traurig-betrunken irgendwo rumsaß oder -lag. Wir haben in nächtlichen Gesprächen oft darüber philosophiert, dass er doch lieber kiffen solle als saufen, ich hatte in den Monaten vor der Tour Gefallen am Grasrauchen gefunden und wollte ihn wirklich bekehren. Später hat er mir dann ein sehr frühes seiner selbst gemalten Bilder geschenkt: Er und ich, Arm in Arm nebeneinander, mit dicken Joints in der Hand.

Als wir vor ein paar Jahren über diese Tour sprachen, als ich ihn fragte, ob er noch wüsste, was das damals alles für ein Chaos war, sagte er: »Ach weißt du – 90er, da kann ich mich gar nicht mehr so genau dran erinnern ...«, und das coolste ist: Er meint das wirklich so. Damals hätte keiner einen Pfifferling auf Udo Lindenberg gesetzt – der war fertig, der war durch. Er erzählte selbst später mal, dass er seinen lukrativen Plattendeal in dieser Phase deswegen bekommen habe, weil alle dachten, er würde es nicht mehr lange machen, und dann hätte, wie er heute selbst singt »die Plattenfirma in diesen Zeiten derbe Lieferschwierigkeiten«. Irgendwann fällte er dann aber eine Entscheidung, nämlich die, noch ein paar Jahre weitermachen zu wollen. Kein Rauchen, kein Saufen, gesunde Ernährung, Sport und überhaupt: nochmal durchstarten und richtig an die Glocke hauen. Vor fast zehn Jahren hat er damit angefangen und jetzt, im Juni 2016 hat er als cooler, fitter Siebzigjähriger seine seit drei Jahren andauernde Stadiontour beendet, die größte und erfolgreichste, die er jemals gemacht hat. Und dass ich ihn in Leipzig, in meiner Stadt, am Klavier begleiten durfte, war für mich als Fan das Allergrößte.

Es war typisch Udo: Ein paar Tage vor der Pressekonferenz für die Stadiontour in Leipzig rief er an und fragte: »Rock-'n'-Roll-Arena in Jena« – kennst du doch – kannst du mich am Klavier begleiten? Ach ja, und kannst du auch ein Klavier besorgen?« Ich hab mich um alles gekümmert, einen großen schwarzen Blüthner-Flügel organisiert und vor allem das Lied, das mir so viel bedeutet, nochmal geübt. Als dann all die Journalisten da waren, hab ich mich an einer Stelle doch verhauen, was mich wahnsinnig geärgert hat. Er sagte danach auch irgendwas wie: »hast ja an einer Stelle mal kurz selbst komponiert – kein Problem, alles cool, easy, Freestyle, Flexibel-Betriebe ...«

Als dann die Konzerte im Leipziger Stadion anstanden, war ich doch ziemlich angespannt. Ganz alleine, Udo sang und ich am Klavier

Ich würd so gerne bei euch mal singen
Meine Freunde in der DDR
'ne Panik-Tournee, die würd's echt bringen
Ich träume oft davon, wie super das doch wär ...

Sehr klein, sehr intim, sehr persönlich, und das vor fünfzigtausend Fans – das werde ich niemals vergessen, das war definitiv eines der größten Highlights, einer der bedeutendsten Augenblicke, die ich jemals auf einer Bühne erlebt habe.

»DAS ENDE EINER FREUNDSCHAFT«   11

**Weltreisen mit dem Thomanerchor,
Softpornos in Osaka und Vollrausch in Moskau**
Ich bin seit meiner Kindheit mit dem Thomanerchor kreuz und quer durch die Welt gereist und habe auf hunderten Bühnen gestanden. Das ist sicher für die meisten Kinder ungewöhnlich. Für ein Kind aus der DDR waren das unglaubliche Erlebnisse. 1977 stand ich auf einmal als 11-jähriger Thomaner mitten in Tokyo! Die Japaner sind voll auf Johann Sebastian Bach abgefahren und haben uns überall gefeiert wie Popstars. Die Hotels, in denen wir untergebracht waren, wurden vor allem von weiblichen Fans belagert, und fast jeder Thomaner hatte nach dieser Reise eine japanische Brieffreundin.

Fumiko, mit der ich eine Brieffreundschaft hatte, besuchte mich ein paar Jahre später sogar in Leipzig und war glücklich, als ich ihr unser Internat, die Thomaskirche und das Grab von Bach zeigte. Sie hat diese Reise genau deswegen gemacht, und für sie war diese Welt sicherlich genauso exotisch wie die ihre für mich. Japan war ein unglaublicher Flash. Auch wenn ich mich in diesem Alter sicher mehr für Matchbox-Autos und Kassettenrekorder als für den Kaiserpalast in Kyoto interessierte, habe ich wache Erinnerungen an dieses Land des Lächelns am anderen Ende der Welt. Auf dem Hoteldach war ein Dachgarten, überall gingen die Türen automatisch auf, das Fahren in den ultraschnellen Fahrstühlen verursachte Druck in den Ohren, und wenn wir mit dem Bus durch den zäh fließenden

Stadtverkehr fuhren, überholten uns Fahrradfahrer mit Tüchern vor Mund und Nase. Im Hotel in Osaka hatten die älteren Thomaner entdeckt, dass der kleine Kasten neben dem Fernseher Softpornos zeigte, wenn man eine Hundert-Yen-Münze einwarf. Schnell hatte irgendjemand herausbekommen, dass das auch mit DDR-Zwanzig-Pfennig-Münzen funktionierte. Es waren meistens Doppelzimmer mit einem älteren und einem jüngeren Thomaner.

An einem Abend versammelten sich mehrere ältere Thomaner in dem Zimmer, in dem mein Bett stand, und ich merkte, dass etwas Verbotenes geplant war. Ich als Kleiner »musste« mir in der Meute gezwungenermaßen einen dieser Filme mit ansehen, wurde aber natürlich dazu verdonnert, keinem etwas davon zu erzählen. Mein erster Pornofilm mit elf Jahren – ich habe es nicht als traumatisches Erlebnis in Erinnerung, fand das eher spannend und aufregend, denn ich gehörte mal kurz mit zu den großen Jungs.

Ein ähnliches Erlebnis hatte ich bei einer Thomanerchor-Reise in die Sowjetunion. Wir wohnten im berühmten Hotel »Rassia« in Moskau, und ich war mit meinem großen Bruder in einem Zimmer – er zehnte und ich siebte Klasse. Gern haben wir von den Reisen für unsere Eltern und Geschwister kleine Geschenke mitgebracht. Wir bekamen immer ungefähr umgerechnet zehn Mark Taschengeld pro Tag. In Japan hatte ich mit meinem Bruder zusammengelegt, und wir brachten uns einen riesigen, ultracoolen Stereo-Radio-Kassettenrekorder mit, der heute noch bei meinen Eltern steht und seine Dienste tut. In der Sowjetunion war es schwieriger, etwas zu finden, weil es schlicht nicht viel zu kaufen gab, auch weil wir nicht wirklich viel Zeit hatten, uns umzusehen. In einer Buchhandlung, in der es deutschsprachige Bücher gab, kaufte ich Erich Kästners »Fabian«, und das war es dann auch schon. Wir hatten alle noch jede Menge Rubel übrig und fassten dann irgendwann den Entschluss, unseren Eltern jedem eine Flasche des berühmten sowjetischen Schampanskoje mitzubringen. Das war eine gute Lösung, wir waren nicht die einzigen, die sich dazu entschlossen hatten. Auch Tobias und dessen Freund Dirk, die beide in der Klasse meines Bruders waren, hatten sich mit diesen Flaschen eingedeckt. Am Abend vor der Rückreise kamen die beiden in unser Zimmer, und irgendwann stand die unvermeidbare Idee im Raum, dass wir ja wenigstens *eine* der Flaschen köpfen könnten – schließlich mussten wir ja testen, wie das Zeug schmeckte. Es blieb natürlich nicht bei der einen, so dass wir alle irgendwann ziemlich betrunken waren. Mein Bruder erzählte mir später, dass ich plötzlich im Bad verschwunden war und erst nach einer Weile wieder rauskam. Ich soll mit leuchtenden Augen erzählt haben, dass ich soeben einen Springbrunnen entdeckt hatte. Die anderen dachten, ich rede wirres Zeug, doch als sie die Badezimmer-Tür aufmachten, stand alles unter Wasser. Ich hatte das Bidet angemacht, und die Fontäne spritze bis hoch zur Decke, was für allgemeine Begeisterung sorgte. Da wir bei dieser Zimmerparty sicher nicht gerade leise waren, standen plötzlich drei Zwölftklässler in der Tür und guckten böse. Jetzt würde es mal wieder Ärger geben – wohl weniger wegen der Sauerei, die wir veranstaltet hatten, eher deswegen, dass ich als

13-Jähriger wirklich betrunken war. Das Ganze wurde dann aber mehr oder weniger unter den Teppich gekehrt, und ich weiß bis heute nicht, ob die Chorleitung davon jemals erfahren hat.

Aber natürlich waren die begehrtesten Reisen immer die, die uns ins westliche Ausland führten. Das war ein Privileg, und das war uns durchaus bewusst. Im Laufe der Jahre fuhren wir nach Italien, Spanien, Belgien, in die Schweiz und in schöner Regelmäßigkeit nach Westdeutschland und West-Berlin. Ost-Berlin war damals schon immer ein wenig heller als der Rest der DDR, aber als wir dann über den Checkpoint Charlie von Ost- nach West-Berlin fuhren, war das wirklich eine Reise aus dem Dunkel ins Licht. Die widerliche graue, normalerweise unüberwindbare Mauer war von der anderen Seite mit bunten Graffiti verziert, und die Lichter und die hellen Werbetafeln, nicht nur auf dem Kurfürstendamm, waren ein ungeheuerlicher Kontrast zum grauen Osten, den wir gewohnt waren.

Meine letzte »Westreise« mit dem Thomanerchor war im Dezember 1984 – West-Berlin. Ich war in der 12. Klasse, und es war klar, dass ich nach dem Abitur im Sommer den Chor verlassen würde. Vor unserem Konzert in der Philharmonie stand ich mit einem Freund aus meiner Klasse am Backstage-Eingang und wir sprachen genau darüber. Was wäre eigentlich, wenn wir jetzt einfach losgingen, die nächste Polizei-Dienststelle suchen und sagen würden: »Hallo, wir kommen aus dem Osten und wollen nicht mehr dahin zurück«? Richtig ernsthaft haben wir mit diesem Gedanken nicht gespielt, aber wir dachten drüber nach. Es war natürlich allen in unserem Jahrgang klar, dass dies die letzte Gelegenheit sein würde, denn der Gedanke war: Das nächste Mal kommst du wieder in den Westen, wenn du Rentner bist – in knapp 50 Jahren. Dieser Gedanke war logisch, denn so waren die Regeln, die wir verinnerlicht hatten. Keiner hätte sich damals auch nur im Entferntesten vorstellen können, dass vier Jahre später die Mauer fallen würde.

Heute denke ich manchmal darüber nach, wie mein Leben verlaufen wäre, wenn ich damals diesen Schritt gewagt hätte. Natürlich kann ich das nicht sagen, aber ich weiß, dass ich damals dachte, dass mir die Decke in der DDR sicher irgendwann zu niedrig werden würde. Gerade als Künstler, als Musiker würde ich irgendwann an Grenzen stoßen, die mir nicht passen würden, aber genau diese Grenzen wollte ich austesten. Es hatte immer wieder Musiker oder Schauspieler gegeben, die berühmt oder erfolgreich genug waren, um auch im Westen auftreten zu dürfen. Von einigen Bands sind immer mal wieder einzelne Musiker drübengeblieben, um dort ihr Glück zu suchen – die meisten fanden es allerdings nicht und versanken in der Bedeutungslosigkeit. Natürlich gab es Ausnahmen – Nina Hagen, Manfred Krug, Armin Mueller-Stahl oder auch Wolf Biermann, aber die Mehrzahl derer, die diesen Schritt gewagt hatten, schafften es nicht, künstlerisch wieder auf die Beine zu kommen.

Dennoch: Warum habe ich die Gelegenheiten, die sich mir als Thomaner boten, nicht genutzt, um einfach abzuhauen? Eine Antwort darauf kann niemals kurz ausfallen. Erstens hatten wir uns im Osten eingerichtet. Unsere Familien und Freunde, das gesamte soziale Umfeld, unser Zuhause – all dies hätten wir aufgeben müssen, und das wollten wir nicht. Außerdem, und das hat viel mit dem ersten Punkt zu tun, war der Leidensdruck nicht groß genug für eine alles verändernde Entscheidung, für einen solchen Weg in eine Zukunft, in eine Welt, die wir nur vom Reinschnuppern kannten. Das müssen viele Leute aus dem Osten oft erklären, und sie werden nach wie vor von vielen westdeutschen Landsleuten nicht verstanden. »Warum bist du nicht geflohen? Ich hätte es keine fünf Minuten in der DDR ausgehalten« – sowas habe ich immer wieder gehört, und immer wieder antwortete ich: die DDR war kein dunkler, fürchterlicher Ort, in dem alle mit versteinerten Gesichtern, eingehüllt in graue Gewänder durch die Gegend schlichen. Wir sind nicht von früh bis spät vor den Stasi-Schergen geflohen, hatten nicht permanent Angst, sofort verhaftet und stundenlang verhört zu werden. Unser Leben war kein trostloses, trauriges. Wir haben Musik gehört, uns Witze erzählt, getanzt und all das gemacht, was Menschen eben so machen – sicher oft eingeschränkt und manchmal auch etwas vorsichtiger, wenn es darum ging, sich öffentlich politisch zu äußern. Oft habe ich das Gefühl, mich entschuldigen zu müssen, wenn ich so antworte. »Warum redest du so positiv von diesem Unrechtsstaat, warum verteidigst du dieses System?« – Das tue ich gar nicht, ich versuche nur, diese Zeit differenziert zu betrachten. Es geht nicht darum, den Osten gegen den Westen auszuspielen, es geht aber auch nicht darum, beide

Systeme schwarz-weiß zu betrachten. Hier war alles doof, drüben war alles schön – das ist Unsinn. Hier und da haben Menschen ihr Leben gelebt, gelacht und geweint, geliebt und gehasst, genossen und gelitten.

Das war allerdings nicht bei allen so. Mein bester Freund Dirk hat sich diesbezüglich anders entschieden – Jahre später ist er in den Westen abgehauen. Dazu möchte ich kurz ausholen: Wir lernten uns kennen, als ich in der vierten Klasse zusammen mit ihm Mitglied des Thomanerchores wurde. Sehr schnell merkten wir, dass wir ähnlich tickten, dass wir über dieselben Dinge lachen und uns gegen dieselben ungeliebten Weggefährten verschwören konnten. Freundschaft ist so eine Sache: Irgendwie funkt es, und du merkst, dass da jemand ist, dem du vertrauen kannst, der dich versteht, der in allen Lebenslagen für dich da ist, der dir hilft, dir die Wahrheit sagt, kurz, der dir gegenüber loyal ist. Das passiert nicht von heute auf morgen. So etwas wächst langsam, es verfestigt sich, wird immer stärker. Sicher sein solltest du dir einer Freundschaft nie, denn wenn du sie nicht gewissenhaft pflegst, dann kann sie irgendwann eingehen – manchmal schleichend, kaum nachvollziehbar, manchmal aber auch ganz plötzlich.

Dirk war im Gegensatz zu mir ein Mädchentyp. Er war, ähnlich wie ich, nicht gerade eine Leuchte in der Schule, aber immer für schräge Aktionen zu haben. Zusammen haben wir es in der Schule zur Perfektion getrieben, Spickzettel so zu verstecken, dass wir niemals dabei erwischt wurden, zusammen haben wir uns in der großen Pause vom Schulgelände gestohlen, um uns beim

Bäcker Kuchen zu kaufen, zusammen schlichen wir uns nachts heimlich in die Küche des Internates, um uns in der riesigen Pfanne Eier mit Schinken zu braten. Am nächsten Morgen stank der ganze Speisesaal danach, und wir beide guckten unschuldig aus unseren kleinen, übernächtigten Augen. Und natürlich beteiligten wir uns an den Diskussionen und Mutmaßungen, wer das denn wohl wieder gewesen sein mochte. Wir haben damals miteinander über alles gesprochen, haben uns emotional sehr nah aneinander rangelassen, und wir wussten, dass wir uns auf den anderen verlassen konnten. Wenn es hart auf hart kam, haben wir uns gegenseitig den Rücken frei gehalten und sogar für den anderen gelogen, wenn es nötig war. Heute denke ich manchmal, dass ich das immer noch genau so für meinen besten Freund tun würde. Wir waren ein eingeschworenes Team, und nichts und niemand konnte uns auseinanderbringen. Das machte uns stark und wir fühlten uns als »Partners in Crime« unverwundbar. Wir haben dieselbe Musik gehört, dieselben Bücher gelesen, dieselben Filme oder Schauspieler gemocht und uns über dieselben Lehrer oder andere Respektspersonen lustig gemacht. Später sind wir nachts zusammen aus dem Internat abgehauen, um auf Partys zu gehen, haben heimlich unsere ersten Zigaretten geraucht, den ersten Alkohol getrunken und uns über die Mädchen aus den Parallelklassen ausgetauscht.

All das war damals mit Dirk nicht unbedingt normal, weil wir als Thomaner im Internat wie auf einer Insel lebten und eigentlich recht wenig Kontakt zu anderen Gleichaltrigen, geschweige denn zum anderen Geschlecht hatten. Wir haben aber genau diesen Kontakt gesucht und waren froh und vielleicht sogar ein bisschen stolz darauf, kleine Schlupflöcher aus der heilen Welt des behüteten Lebens im Internat gefunden zu haben. Wenn du jeden Tag den gleichen Tagesablauf hast, nach Klingelzeichen aufstehst, zum Frühstück und in die Schule gehst, wenn du jeden Tag zwei Stunden lang Chorprobe hast und unter Aufsicht deine Hausaufgaben machst und am Abend wieder nach Klingelzeichen ins Bett gehst, wenn dieser Trott dein Leben bestimmt, dann fängst du irgendwann an, darüber nachzudenken, was es denn außerhalb dieses Internatslebens noch so alles geben könnte. Am Anfang ist so ein privilegiertes Thomaner-Leben sicher spannend, neu und irgendwie auch erfüllend, aber spätestens wenn du in die Pubertät kommst, suchst du nach etwas anderem, nach Aufregung oder Abenteuer, denn das gab es im geregelten Leben unter der wohlbehütenden Glasglocke des weltberühmten Leipziger Thomanerchores nicht.

Die Eltern hatten für unsere gemeinsamen disziplinären Entgleisungen, die logischerweise ab und zu aufflogen, natürlich wenig Verständnis, was dann wiederum zuhause zu Spannungen führte. Irgendwann hatte ich mich mit meinen Eltern wegen solcher Eskapaden heftig gestritten, was folgerichtig und in diesem Alter sicherlich auch ganz normal war. Ich war fünfzehn Jahre alt und hatte trotzig beschlossen, am nächsten Wochenende nicht, wie normalerweise üblich, nach Hause zu kommen. Das Ritual war an jedem Samstagnachmittag gleich gewesen: Nach der Motette in der Thomaskirche warteten unserer Eltern vor dem Hauptportal auf meinen Bruder und mich, wir fuhren ins Internat um uns umzuziehen und danach zusammen nach Hause. An diesem Wochenende allerdings definitiv nicht. Ich würdigte meine Eltern keines Blickes, ging alleine direkt ins Internat, zog meinen Konzertanzug aus und meine selbst gebatikten Klamotten an, und fuhr zusammen mit Dirk zu ihm nach Hause.

Seine Eltern wohnten im Leipziger Osten, einer ziemlich miesen Gegend, und am Abend nahm er mich mit zu seiner alten Clique. Das war sehr aufregend. Wir waren eine Gruppe von zehn/fünfzehn Jungs und Mädchen in unserem Alter und trafen uns in einem kleinen Park. Es wurde rumgeknutscht und gefummelt und wir waren mittendrin. Es wurde geraucht, Bier, Wein und sogar Schnaps getrunken und wir stiegen in alte, unbewohnte Abrisshäuser ein, was natürlich strengstens verboten war. Wir waren auf einer wunderbaren Abenteuerreise und ignorierten all die Schilder: »Baustelle – betreten verboten – Eltern haften für ihre Kinder«. Wir waren frei, keiner konnte uns irgendwas verbieten, denn weit und breit gab es keine Eltern, Erzieher oder andere Erwachsene. Wir fühlten uns großartig. Die anderen Jungs erzählten stolz, dass sie im großen Stil damit angefangen hatten, alte Bleirohre aus diesen Ruinen auszubauen und zu Geld zu machen. Das schien ein lukratives Geschäft zu sein, jedenfalls hatten sie genug Geld, um uns zu all den verbotenen Sachen großzügig einzuladen. Wir waren bis spät in die Nacht unterwegs und hatten dabei das Gefühl von Freiheit und das noch viel aufregendere Gefühl, Dinge zu tun, die nicht erlaubt oder sogar regelrecht illegal waren. Dieses Wochenende war wie eine Reise in eine andere

Welt. Ein Schritt in eine unbekannte, neue, aufregende Dimension, die nichts, aber auch gar nichts mit unserem behüteten Leben in weißen Kragen, geputzten Schuhen und sauberen Fingernägeln zu tun hatte. Wir hatten Blut geleckt und waren sicher, dass wir mehr davon haben wollten. Wir waren ausgebrochen aus unserer elitären, heilen Welt und hatten den süßen Duft des Verbotenen kennen gelernt, den wohl jeder Junge in diesem Alter gern riecht.

Ein paar Wochen später erzählte mir Dirk allerdings, dass seine Leute beim Bleirohre-Klauen erwischt worden und die Hauptschuldigen zu langen Strafen im so genannten Jugendwerkhof verknackt worden waren. Das war dann auf einmal kein Spaß mehr. Für uns war es eine Art Weckruf, uns in Zukunft von solchen Aktionen fernzuhalten oder wenigstens etwas vorsichtiger zu sein. Jugendwerkhof – das war ein gefürchteter Begriff in der DDR. Diese »Erziehungsmaßnahme« war eine perfide Erfindung der damaligen Ministerin für Volksbildung Margot Honecker, deren pädagogische Härte gegen so genannte asoziale Elemente sprichwörtlich war. Jugendwerkhöfe waren berüchtigte Einrichtungen, in denen die Persönlichkeiten junger Menschen, die nicht dem offiziellen Idealbild der linientreuen sozialistischen Jugend entsprachen, gebrochen werden sollten.

Jahre später, lange nachdem die Mauer gefallen war, habe ich mir den ehemaligen Jugendwerkhof in Torgau, der heute eine Gedenkstätte ist, angesehen und von damaligen Insassen gruselige Geschichten gehört, die sich dort zugetragen hatten. Willkür, physische, psychische und sexuelle Gewalt waren dort an der Tagesordnung, und die Gerüchte, die darüber schon zu DDR-Zeiten kursierten, wurden schmerzlich bestätigt. In der Gedenkstätte in Torgau habe ich den so genannten »Fuchsbau« gesehen. Das war ein Loch im Keller, zu klein zum Stehen oder Liegen, man konnte sich nur gebückt und zusammengekrümmt darin aufhalten. Kinder, die sich nicht an die Regeln gehalten hatten, wurden zur Strafe darin eingepfercht, oft stundenlang, bis sie völlig entkräftet und gebrochen zurück in ihre »normalen« Zellen durften. Die Clique, mit der wir damals in den Abrisshäusern abgehangen hatten, durchlebten kurz darauf solche oder ähnliche Qualen. Das wussten wir zwar damals noch nicht in allen Einzelheiten, aber der Begriff »Jugendwerkhof« war jedem Ostkind geläufig. »Wenn du nicht spurst, kommst du ins Heim oder sogar in den Jugendwerkhof!«

Mit Dirk habe ich damals intensiv über diese Geschichte gesprochen. Wir waren uns darüber im Klaren, dass er Glück gehabt hatte, diesem Schicksal entkommen zu sein. Wenn er nicht in den Thomanerchor gekommen wäre, wenn er seine Kindheit und Jugend in dieser Gegend und in dieser Clique verbracht hätte, wäre sein Weg sicherlich ein ähnlicher gewesen. Er hatte zur richtigen Zeit die richtige Ausfahrt genommen. Es ist schon erschreckend, wie früh im Leben die Weichen gestellt werden und wie wenig wir das oft wirklich beeinflussen können.

Es muss ungefähr in dieser Zeit gewesen sein, als wir unsere erste Band gründeten. Als klassische Rockband spielten wir am Anfang vor allem auf kleinen, privaten Partys – immer halb heimlich, weil das im Chor nicht wirklich gern gesehen war. In den nächsten drei Jahren probten wir, sooft wir konnten, an den Wochenenden, und die Band wurde mehr und mehr zu unserem Hauptlebensinhalt. Als wir dann nach dem Abitur auch die verhasste Armeezeit im Frühjahr 1987 hinter uns gebracht hatten, konnte es richtig losgehen. Irgendwann kam die Entscheidung, die Instrumente wegzulassen, und die »Herzbuben« waren geboren. Als vierstimmige A-cappella-Band machten wir uns schnell einen Namen, nicht nur in Leipzig, sondern in der gesamten ostdeutschen Republik: Wolfgang und Jens, bis heute meine Bandkollegen, Dirk und ich. Es lief wirklich sehr gut, wir wurden als junge, frische Band gefeiert, verdienten dazu noch gut Geld und alles war perfekt. Doch dann kam der erste Schlag: Ein Jahr später, im Spätsommer 1988 bekam Jens seinen Einberufungsbefehl zur NVA. Ab Anfang November würde er für 1½ Jahre seines Lebens das tun müssen, was wir anderen drei gerade hinter uns gebracht hatten. Damit hatten wir nicht gerechnet. Wir hatten gerade so einen wunderbaren Lauf, waren voller Energie, wollten die Musikwelt erobern und jetzt das. Naja – wir waren kurz geschockt, ärgerten uns eine Runde, aber wir waren uns darüber im Klaren, dass Jens zu uns gehörte. Jetzt ging es darum, einen Ersatz zu finden, der diese Lücke für genau 542 Tage schließen könnte. Kay-Oliver, ein Gesangs-Kommilitone von der Musikhochschule, war bereit, als »Übergangslösung« einzusteigen. Wir spielten mit offenen Karten und sagten ihm, dass Jens nach seiner Armeezeit wieder einsteigen würde. Er sagte zu, wir probten und konnten, sogar ohne pausieren zu müssen, in der neuen Besetzung weitermachen, mit dem Wissen, dass Jens ja bald wieder bei uns sein würde. Das ging für ein Dreivierteljahr gut, dann war unsere »Übergangslösung« plötzlich weg, weil er sein Glück im Westen versuchen wollte und im Sommer '89 über Ungarn das Land verlassen hatte. Das war der zweite Schlag, denn er hatte uns nichts davon gesagt. Von heute auf morgen standen wir also plötzlich wieder ohne Bass-Sänger da und brauchten einen erneuten Ersatz. Die Rettung kam mit Henri, dem Freund und ehemaligen Thomaner, der gerade angefangen hatte, Lehrer zu studieren, sich allerdings nicht sicher war, ob dies das Richtige für ihn war. Er schmiss sein Studium und stieg bei uns ein – sozusagen als Ersatz für den Ersatz.

Jens war also bei der Armee, seine Aushilfe im Westen, Henri als Ersatz für die Aushilfe eingestiegen, und wir waren gerade wieder auftrittsfähig, als das Chaos dann passierte. Es war der dritte und für mich persönlich gleichzeitig der härteste Schlag. Es war Anfang November 1989. Ich glaube, ich war zuhause bei meinen Eltern. Das Telefon klingelte und irgendjemand sagte mir, Dirk, mein bester Freund, sei im Westen. In diesem Augenblick verstand ich erstmal gar nichts, ich konnte es einfach nicht glauben. Mein bester Freund, mit dem ich seit meiner Kindheit alle Geheimnisse geteilt hatte, dem ich vertraute wie keinem Zweiten, der mir wirklich sehr viel bedeutete, hatte mich und unsere gemeinsame Band im Stich gelassen. Wir hatten jede Menge Konzerte geplant und vor allem waren wir mit unseren Texten und unserer Musik ganz nah bei dem, was da gerade um uns rum passierte. Die Gespräche drehten sich um nichts anderes als um die Veränderungen, die wir alle hautnah miterlebten.

Politisch ist so viel auf einmal passiert, dass selbst wir, die wir mittendrin waren, nicht wussten, was als Nächstes geschehen würde. Allein die Tatsache, dass er eine Woche, bevor die Mauer fiel, diesen Schritt gegangen war, der das Leben vom Kopf auf die Füße stellen würde, zeigt, dass keiner auch nur im Entferntesten damit gerechnet hatte. Für mich war das aber in dieser Situation alles nebensächlich. Ich fühlte mich in erster Linie verraten, getäuscht und in meiner Loyalität zu meinem besten Freund betrogen. Für mich brach in diesem Augenblick eine Welt zusammen.

Warum hatte er nicht mit mir darüber gesprochen? Warum war er sang- und klanglos gegangen, ohne auch nur ein kleines Zeichen zu geben? Viele, mit denen ich später darüber gesprochen habe, vor allem Westdeutsche, sagten mir: Das musst du doch verstehen. Er hatte ganz sicher Angst, dass du ihn verrätst, dass du ihn auffliegen lässt. Er wollte sicher sein, dass es klappt, er wollte kein Risiko eingehen, dass die Stasi oder irgendjemand davon Wind bekommt.

Aber ich muss ehrlich sein und sagen: Nein – das kann und will ich nicht verstehen, denn genau das hätte ich niemals getan. Ich hätte ihn auf keinen Fall verraten, und das hat er auch genau gewusst. Dazu standen wir uns viel zu nahe. Einen Freund verrät man nicht. Ich glaube, er war einfach zu feige, mit mir darüber zu reden, weil er Angst hatte, ich würde versuchen, ihn umzustimmen. Und damit hatte er recht, denn ich hätte das sicher versucht, weil ich davon überzeugt war, dass es ein Fehler war. Es wäre mir ganz sicher sehr schwergefallen, ihn gehen zu lassen, aber ich hätte es getan, wenn ich gemerkt hätte, dass er es ernst meinte. Auch das gehört zu einer Freundschaft dazu: zu einem Freund zu stehen, auch wenn man dessen Entscheidung nicht versteht.

In den Jahren seit 1989 habe ich immer wieder dieses Szenario durchgespielt: Wenn ich ihn doch hätte überzeugen können zu bleiben, dann wäre er mir eine Woche später sicher dankbar gewesen, weil dann – Ironie der Geschichte – die Mauer fiel, und dann wäre er heute in unserer gemeinsamen Band, wir beide wären ganz sicher immer noch Freunde. Andererseits – und das ist auch ein echt gutes Argument: Wenn ich ihn damals überredet hätte, dazubleiben, dann wäre heute vielleicht Henri nicht in der Band, und das wäre ein echter Verlust!

Das erste Mal, dass ich mit Dirk darüber gesprochen habe, war kurz nach dem Mauerfall, als ich eine gemeinsame Freundin in Braunschweig besuchte. Er hatte sich bei ihr gemeldet, als er im Westen angekommen war, und sie und ich haben ihn dann zusammen angerufen. Es war ein trauriges Gespräch, von meiner Seite auch ein wütendes, was mich im Nachhinein zwar etwas ärgert, aber was ich leider nicht ändern kann. Ich habe ihn heulend angeschrien und beschimpft, habe meiner Enttäuschung Luft gemacht, denn ich konnte ihm nicht verzeihen.

Jetzt, über 25 Jahre später, sehe ich das alles etwas gelassener, aber von der tiefen Freundschaft, die uns lange verbunden hatte, ist trotzdem nichts geblieben. Wir haben uns inzwischen dreimal wiedergesehen. Aber das alte Freundschaftsband gab es leider nicht mehr.

Heute würde ich gern erzählen, dass wir uns ausgesprochen haben, dass zwischen uns alles okay ist, dass wir einander in die Augen gesehen und das, was da früher mal zwischen uns gewesen ist, wiederbelebt haben, aber das kann ich leider nicht, weil es nicht so ist. Freundschaft kann man nicht einfach so anknipsen. Erst recht nicht, wenn sie groß, ehrlich und bedingungslos war und sich dann einer der beiden Freunde verraten fühlte. Manchmal wünsche ich mir, ich wäre entspannter an dieser Stelle, manchmal wünsche ich mir, ich könnte mir einfach sagen: Hab dich doch nicht so, und sei vor allem nicht so selbstgerecht! Spring doch einfach über deinen dicken Schatten und lerne endlich, dass es gar nicht so schwer ist, jemandem zu verzeihen, der dich gekränkt hat!

12 »... UND FÜHRE UNS NICHT IN VERSUCHUNG«

Großeltern, erste Liebe und das vorzeitige Ende als Chorknabe

Man sagt ja, je älter man wird, desto deutlicher erinnert man sich an seine Kindheit. Mit meiner Großmutter Philine habe ich oft stundenlang über ihre Kindheitserlebnisse gesprochen, und sie sagte dabei immer wieder zwei Sachen: »Junge – je älter ich werde, desto schneller vergeht die Zeit«, und »Die Erinnerungen an meine Kindheit und Jugend werden immer deutlicher.« Sie sprach davon, wie sich förmlich der Nebel lichtet, wie völlig unvorbereitet auf einmal Dinge ans Licht kommen, die sie schon lange vergessen geglaubt hatte. Sie war damals allerdings schon 20 Jahre älter als ich jetzt. Das tröstet mich ein wenig, denn ich lehne es ja eigentlich ab, mich schon jetzt alt zu fühlen. Aber ich merke, dass wirklich mehr und mehr zum Vorschein kommt, je intensiver ich mich mit dieser frühen Lebensphase beschäftige. Der Gedanke, dass ich reichlich 20 Jahre nach Kriegsende geboren bin, dass 23 Jahre danach die Mauer fiel und dass seitdem jetzt schon wieder 27 Jahre vergangen sind, irritiert mich. Meine Kindheit und Jugend in der DDR war ein kürzerer Lebensabschnitt als die Zeit in der wiedervereinigten Republik, und die Zeit vom Ende des Krieges bis zu meiner Geburt war noch kürzer.

Das Wort »Krieg« klang für mich immer wie eine Vokabel aus längst vergangenen Zeiten. Eine Schwarz-Weiß-Welt, die ich nur aus alten Filmen und von vergilbten Fotos her kannte, die aber aus heutiger Sicht eben doch verhältnismäßig nah ist, wenn ich mir überlege, dass ich 2016 fünfzig Jahre alt geworden bin. Die ersten drei Lebensjahre sind, so sagen Experten, die prägendsten, die wichtigsten für die Entwicklung der menschlichen Persönlichkeit, und sicher ist es kein Zufall, dass wir ausgerechnet an diese drei Jahre keine Erinnerung haben. Meine erste Kindheitserinnerung ist eine Situation im Garten meiner Eltern. Ein Glücksgefühl, das ich habe, weil riesengroße Schneeflocken vom Himmel fallen, die ich versuche zu fangen und die dann auf meinen Händen oder auf meiner Zunge schmelzen. Heute noch kann ich dieses Gefühl als wunderbare Erinnerung abrufen. Wie einen bunten, fröhlichen 3-D-Fühl-Kino-Film, als wäre ich dabei, als wäre ich jetzt, in diesem Augenblick, mittendrin. Ich habe genau so wache Bilder von meinem Opa im Kopf, wie er für uns Enkel mit einem großen Honigglas in der Küche meiner Großeltern steht und meinen Geschwistern, Cousins und mir jeweils einen Löffel dieses köstlich-süßen Zeugs in den Mund steckt. Ich erinnere mich an das Planschbecken in unserem Garten, an meine Mutter, die mir im Park dabei hilft, den großen Rutschelefanten zu erklimmen. Ich denke an die Gute-Nacht-Lieder, die sie uns Kindern sang und an lange, nicht enden wollende, erfüllte Sommer auf der Insel Hiddensee, an das unendliche Meer und die Sonne, die darin versinkt. Es sind Erinnerungen an eine glückliche Kindheit in einer glücklichen Familie. Geborgenheit und Sicherheit, die mir Halt und Stärke gegeben haben – ja, ich hatte, glaube ich, Glück, und dafür bin ich sehr dankbar.

Der »Kindergarten Seitengasse« war nicht weit weg von zuhause. Ich denke gern an die Zeit dort zurück, es war wie eine Oase der Glückseligkeit. Die Erzieherinnen, die »Tanten«, wie wir sie liebevoll nannten, waren junge Frauen, die sich fürsorglich um uns kümmerten. Dagmar und Gudrun, und ich glaube, letztere war das erste weibliche Wesen, in das ich jemals verliebt war – im Alter von fünf oder sechs Jahren. Ich mochte ihren Geruch und habe es genossen, wenn sie mich zum Mittagsschlaf, den ich, wie fast alle Kinder, eigentlich nicht mochte, zugedeckt hat, wie sie mich streichelte und

koste, wenn ich mal hingefallen war oder mir anderweitig wehgetan hatte. Diesen Kindergarten besuchten alle drei Krumbiegel-Geschwister, zuerst mein Bruder, später dann meine kleine Schwester und ich, und wir fühlten uns dort sehr gut aufgehoben.

Bevor mein großer, 2½ Jahre älterer Bruder mit Beginn der vierten Klasse Thomaner wurde, was bedeutete, dass er die Woche über im Internat wohnte, waren wir Geschwister zu dritt ein Herz und eine Seele. Dann war er plötzlich weg oder eben nur noch am Wochenende zuhause, und so wurden meine kleine Schwester und ich, ein reichliches Jahr auseinander, ein eingeschworenes Zweierteam. Wir hingen wie die Kletten aneinander, von früh bis spät waren wir zusammen. Tagsüber im Kindergarten, in der Schule oder zuhause und abends, wenn wir im Kinderzimmer in unseren Betten lagen, redeten wir stundenlang miteinander und träumten uns gemeinsam in eine Fantasiewelt, die nur wir beide kannten und verstanden. Wir hatten dieselben Freunde, mit denen wir im Garten, im Park oder auf der Straße spielten, verschworen uns gemeinsam gegen Leute aus der Nachbarschaft, die wir nicht leiden konnten, und wir liebten es, uns Geschichten auszudenken, in denen wir die Hauptpersonen waren und fantastische Dinge erlebten. Es war eine glückliche, unbeschwerte Zeit, wir hatten uns, und unsere Eltern liebten uns, alles war perfekt.

Als ich drei Jahre später dann auch in den Chor aufgenommen wurde und damit ins Internat kam, war meine Schwester plötzlich allein zuhause. Jetzt war auch noch der andere Bruder weg. Über Nacht war sie ein Einzelkind geworden, worunter sie, wie sie uns später gestand, ernsthaft gelitten hat. Und genau das war die Kehrseite der Medaille. Als meine Eltern sich entschieden, ihre beiden Söhne ab der vierten Klasse in den Thomanerchor zu schicken, war ihnen natürlich eines klar. Hierbei handelt es sich um einen Knabenchor, da haben Mädchen keine Chance. Das ist immer so gewesen und an dieser Tradition wird sich auch in Zukunft nichts ändern. Was soll ich sagen – meine Schwester hat es überstanden. Meine Eltern suchten nach einer Alternative, sie besuchte eine Spezialmusikschule und schlug auf diese Weise einen Weg ein, auf dem sie es weit bringen würde. Heute ist sie eine nicht nur national sehr erfolgreiche Oratoriensängerin und hat sich so, genau wie ihre Geschwister, ihren musikalischen Traum erfüllt. Überhaupt hat Musik in unserer Familie, seit ich denken kann, eine wichtige, eine übergeordnete Rolle gespielt, fast möchte ich sagen, alles drehte sich um Musik und diese hielt als Grundlage, als Fundament von allem den Laden zusammen. Mein Bruder spielte Geige, meine Schwester Flöte und ich Cello, meine Mutter saß, wenn wir zusammen Hausmusik machten, meist am großen schwarzen Flügel im Wohnzimmer, mein Vater, der Wissenschaftler, spielte ab und zu Akkordeon, und sehr oft sangen wir zusammen, was uns dann am meisten das Gefühl gab: Wir sind eine Einheit, da kommt nichts dazwischen. Das Milieu, das Uwe Tellkamp in »Der Turm« beschreibt, eine im besten Sinne bürgerlich-protestantische Familie, trifft es wohl ganz gut, jedenfalls fielen mir viele Parallelen auf, als ich dieses Buch las.

Auch heute noch ist die Familie für uns fünf ein wunderbarer Hafen, ein großartiger Halt. Vater, Mutter und die drei Kinder – wir treffen uns regelmäßig und pflegen sehr bewusst diese kleine, unzerstörbare Zelle. Nach wie vor singen wir viel zusammen. Zu Weihnachten sowieso, aber auch zu Geburtstagen oder anderen Familienfesten. Oft werden bei solchen Gelegenheiten bekannte klassische Werke mit eigenen Texten dargeboten. Für meine Omi, die Opernsängerin, sangen wir »Oh Philine« auf das berühmte »Halleluja« von Georg Friedrich Händel, bei meinem Vater musste Mozarts »Eine kleine Nachtmusik« dran glauben, ein andermal das »Quodlibet« von Johann Sebastian Bach. »Wo man singt, da lass dich ruhig nieder« – das trifft wohl wirklich zu bei unserer Familie. Aber auch Probleme, Sorgen und Ängste werden immer noch gemeinsam am Familientisch besprochen, wir sind für einander da, können uns aufeinander verlassen und es gibt, soweit ich weiß, keine Geheimnisse. Das ist keine Selbstverständlichkeit.

Sicher war meinen Eltern bewusst, dass sie uns Kinder durch den Thomanerchor auseinandergerissen haben, andererseits gab es aber auch keine andere Möglichkeit. Wenn mein Bruder und ich Thomaner werden sollten, was etwas Besonderes war, was uns über den Tellerrand hinaus die große weite Welt entdecken lassen würde, mussten sie diese Entscheidung genau so treffen. Allein, was die musikalische Bildung betrifft, ist die Zeit in diesem Chor gar nicht hoch genug einzuschätzen. Rückblickend kann ich sagen, dass ich in diesen neun Jahren mehr gelernt habe, als irgendwann danach. Wenn du in deiner Kindheit zwei Stunden am Tag Johann Sebastian Bach singst, dann macht das was mit dir. Die Sprache der Musik ist international, jeder kann sie verstehen, und als Kind lernst du sie mit einer selbstverständlichen Leichtigkeit, was nur in dieser frühen Lebensphase möglich ist. Im Chor lernst du diese Sprache automatisch, spielerisch, ohne nachzudenken – es funktioniert wie eine zweisprachige Erziehung. Und wenn mich heute jemand fragt, ob ich nicht manchmal denken würde, durch meine Zeit im Internat sei mir die Kindheit geklaut worden, dann kann ich nur sagen: Es gibt schlimmere Schicksale, als Mitglied des Thomanerchores gewesen zu sein.

Als ich dann, im Alter von zehn Jahren, selbst endlich Mitglied dieses weltberühmten Knabenchores wurde, war ich stolz. Und ich war froh, dass mein Bruder schon dabei war, sich auskannte und mir bei verschiedenen Gelegenheiten wertvolle Tipps geben und helfen konnte. Natürlich hatte ich am Anfang Heimweh wie die meisten. Oft lag ich abends im Bett – wir schliefen damals noch in großen Schlafsälen, jeweils zwanzig Jungs – und fühlte mich allein, hatte Sehnsucht nach zuhause und klammerte mich an mein Kuscheltier, das meine Mutter mir geschenkt hatte. Mein Bruder mochte sich drei Jahre zuvor ähnlich gefühlt haben, jetzt wusste er, wie es mir ging, und er half mir dabei, diese ersten Wochen besser zu überstehen. Es ist wohl normal, dass man als kleinerer zu seinem großen Bruder aufschaut, aber es scheint nicht selbstverständlich zu sein, dass dieser große Bruder einen bedingungslos unterstützt, dass er sich immer und ausnahmslos für einen einsetzt, dass er sogar die Courage hat, sich mit anderen, Mächtigeren anzulegen, wenn es darum geht, den kleinen zu beschützen.

Im Laufe der Jahre gab es einige Situationen, in denen ich genau das erlebte, und eine Begebenheit hat sich besonders tief in meine Erinnerungen eingebrannt. Ich war in der achten Klasse, er in der elften, und wir hatten eine Probe. Der gesamte Chor, knapp 90 Jungs zwischen 9 und 18 Jahren, sang zusammen im Probensaal, am Konzertflügel saß der Thomaskantor. Diese Chorproben fanden immer nachmittags, nach der Schule statt. Meistens zuerst die einzelnen Stimmgruppen – Sopran und Alt, die hohen Knabenstimmen, und dann Tenor und Bass, die Männerstimmen, die den Stimmbruch schon hinter sich hatten. An diesem Tag – es muss ein Donnerstag gewesen sein, denn donnerstags war immer zwischen 16:30 Uhr und 18:30 Uhr Gesamtchorprobe – war mein Bruder für mich der große Held, weil er mich gerettet hat. Musikalisch war ich innerhalb des Chores immer recht gut. Ich war einer der Sänger, der die anderen mitzog und keiner, der sich an die anderen dranhängte. Disziplinmäßig war ich dagegen nicht so beliebt, weswegen es immer wieder Spannungen gab. Der Chorleiter wusste einerseits, dass er sich, was die Musik betraf, auf mich verlassen konnte. Aber ich scherzte eben gern ab und zu mal rum und brachte die anderen zum Lachen – nicht nur, aber eben auch während der Proben. Aber ich war während der Proben beim Singen sehr ehrgeizig. Ich wollte glänzen und wurde deswegen ab und zu sogar vor dem gesamten Chor gelobt.

An diesem Donnerstag sollte genau das Gegenteil passieren, und damit konnte ich nicht umgehen. Aus heutiger Sicht könnte man sagen, dass in dieser Situation meine junge Persönlichkeit komplett durcheinandergewirbelt wurde. Es war gegen Ende der Probe. Diese zweistündige Gesamtchorprobe war für alle anstrengend, auch für den Thomaskantor. Am nächsten Tag sollten die Werke, die einstudiert worden waren, in der Thomaskirche zur Motette aufgeführt werden, und diese Probe sollte sozusagen den letzten Schliff geben. Alle waren also angespannt und hochkonzentriert. Ich erinnere mich nicht mehr, worum es genau ging, ich weiß nur noch, dass der Kantor eine Stelle monierte, bei der irgendwas nicht stimmte. Eine Betonung, ein Abschluss, ein harter Konsonant, der eine Passage beenden sollte – oder eben genau *kein* harter Konsonant. Ich hatte die Vorgabe des Thomaskantors komplett missverstanden, und als er dann den Alt, die Stimmgruppe, in der ich sang, diese Stelle alleine singen ließ, betonte ich genau diesen Konsonanten besonders deutlich. Ich wollte, wie so oft, mal wieder einen guten Eindruck und alles richtig machen. Dieses Mal machte ich alles falsch. Ich merkte es, während ich sang, doch da war es schon zu spät. Das Gewitter brach los, und ich hatte das Gefühl, dass sich der gesamte Zorn des Thomaskantors über mir entlud. Sicherlich hatte er gedacht, dass ich mal wieder provozieren wollte, dass ich diese Stelle extra so betonte, um ihn zu reizen. Er explodierte förmlich, polterte los und stellte mich vor versammelter Mannschaft bloß. Manchmal, wenn auch selten, konnte er sehr laut werden. Er beschimpfte mich als einen Saboteur, der bewusst die Probe störte, wovon er in diesem Moment wirklich überzeugt zu sein schien. Ich verstand gar nichts mehr, mein Herz sackte mir in die Hose, ich bekam einen trockenen Mund und brach innerlich zusammen. Ich hatte es besonders gut machen wollen und hatte es besonders schlecht gemacht, fühlte mich wieder mal unverstanden und ungerecht behandelt und heulte los. Vielleicht war der Kantor in diesem Moment selbst erschrocken, vielleicht hatte er an meiner Reaktion gemerkt, dass er sich womöglich geirrt hatte, ich weiß es nicht. Jedenfalls machte er mit der Probe weiter, als sei nichts geschehen, während ich am liebsten im Erdboden versunken wäre und mich meinen Tränen hingab und in einer Mischung aus Wut und Schmerz meinen Gefühlen freien Lauf ließ.

In diesem Moment kam mein Bruder ins Spiel: Er saß ein paar Meter schräg hinter mir, sah, wie ich mich schüttelte, wie ich kämpfte, stand auf, kam zu mir, nahm meine Hand und führte mich vor aller Augen aus dem Probensaal. Das werde ich ihm nie vergessen. Ich war so dankbar, war so erleichtert, dass er sich in diesem Augenblick klar hinter mich stellte, dass er sich mit mir solidarisierte. Es war mutig von ihm, in dieser Situation im wahrsten Sinne des Wortes aufzustehen und mich da rauszuholen. Er zeigte damit, dass ihm sein kleiner Bruder wichtiger war als die Disziplin, die er als Älterer mit Vorbildwirkung eigentlich hätte an den Tag legen müssen. Er war sogar Präfekt, das heißt, er war die rechte Hand des Kantors und hatte ab und zu die Aufgabe, selbst eine Probe zu leiten. Für Außenstehende, die das System Thomanerchor nicht so gut kennen, die mit den Spielregeln in einem Internat nicht vertraut sind, mag es wie eine kleine Geste wirken, es war aber viel mehr. Mein Bruder hatte eine Ungerechtigkeit erkannt und dann, sicher nachdem er einmal kurz bis zehn gezählt hatte, so wie es uns unsere Mutter geraten hatte, gehandelt. Dieses »bis zehn zählen« ist klug und wichtig, solange man es nicht übertreibt und bis hundert zählt. Dadurch geht die Spontaneität den Bach runter, und das ist gefährlich. Denn oft ist es wichtig, schnell zu reagieren. Mir hätte es nichts gebracht – oder jedenfalls längst nicht so viel, wie diese Geste in genau diesem Moment –, wenn er nach der Probe zu mir gekommen wäre, um mich zu trösten. Er erkannte die Situation, spürte, dass ich verzweifelt war und gerade sehr allein, und er kümmerte sich um mich.

Wir alle haben in unserer Kindheit ähnliche Sachen erlebt. Vielleicht können wir uns nicht daran erinnern, vielleicht wollen wir es nicht, aber diese Dinge sind passiert. Oft sind es schöne, manchmal auch weniger schöne Erinnerungen. Glücklicherweise ist der Mensch so gestrickt, dass er sich an die schönen gern lebhaft erinnert und die weniger schönen vergisst oder eben knallhart verdrängt. Kinder können untereinander auf der einen Seite sehr direkt und entwaffnend ehrlich sein, auf der anderen aber auch besonders hart und grausam – manchmal vielleicht, ohne es überhaupt zu merken. Es wird über den Dicken gelacht, der im Sportunterricht nicht die Kletterstange hochkommt (kenne ich), im Musikunterricht über den, der sich nicht traut, vor den anderen zu singen, in Mathe über den, der beim Einmaleins Schwierigkeiten hat, und so weiter. Es ist sehr leicht, sich in der Meute gegen einen Einzelnen zu stellen und sich auf dessen Kosten zu profilieren. Es ist ungleich schwieriger, sich aus dieser Meute rauszunehmen und die Seiten zu wechseln, Partei zu ergreifen für den, der gegen alle steht.

Das einzige Mal, dass ich mich mit jemandem geprügelt habe, war in der dritten Klasse. Er hieß Maik, und er war kein einfacher Gegner. Er war zwar kleiner als ich, aber auf eine unangenehme Art drahtig und vor allem sehr schnell. Immer wieder hatte er die anderen in der Klasse geärgert, immer wieder war er handgreiflich geworden. An diesem Tag hatte er sich wieder mal auf den eingeschossen, der innerhalb der Klasse immer schon das klassische »Opfer« war: Brillenträger, etwas langsamer und gleichzeitig unsportlich, unmusikalisch und schlecht in Mathe. Er hatte ihn auf dem Schulhof rumgeschubst und beschimpft, und irgendwann fing er dann an, ihn anzuspucken. Da bin ich dazwischengegangen. Es klingt jetzt sicher viel heldenhafter, als es war, aber mir ging dieser Typ gegen den Strich, und ich fand es unerträglich, dass er sich immer wieder an dem abreagierte, der sich am wenigsten wehren konnte. Wir gingen aufeinander los, wälzten uns im Dreck, und es bildete sich der klassische Kreis um uns, bis dann endlich ein Lehrer kam und uns auseinanderbrachte. Das war mein Glück, denn ich war eindeutig der Unterlegene gewesen. Das Ganze hatte nicht lange gedauert, aber mir war danach klar: Das war nicht meins, das mochte ich gar nicht. Trotzdem war ich irgendwie stolz, als ich mit einer blutigen Nase nach Hause kam.

Das sind alles kleine, unbedeutende Geschichten, die sich so oder so ähnlich jeden Tag auf tausenden Schulhöfen oder Spielplätzen abspielen. Sicher werden solche Erfahrungen sehr unterschiedlich wahrgenommen. Dem einen gefällt es vielleicht zu merken, dass er durch körperliche Überlegenheit Stärke zeigen, oder besser, sich stärker fühlen kann, dem anderen, dass er dasselbe durch fiese, kleine Spitzen oder Beleidigungen schafft. Die unterlegene Seite fühlt sich immer schlecht, rein körperlich oder – und das ist oft viel schlimmer – seelisch. Manchmal reichen kleine Gesten, kleine Zeichen, um solche Situationen zu entschärfen, oft ist es leichter als wir denken. Aber immer ist eine Grundhaltung, eine Grundanständigkeit die Voraussetzung, und die gehört zu jedem von uns. Manchmal ist sie nur verschüttet, manchmal haben wir sie verlernt, aber wir tragen sie in uns, davon bin ich fest überzeugt. Und wir tun gut daran, diesem – und jetzt kommt ein ganz großes Wort – humanistischen Grundgedanken zu vertrauen, im Kleinen in der Kindheit, kurz bevor die Schulhof-Schlägerei losgeht, und im Großen in der so brutalen Ellenbogengesellschaft, in der egoistischen, eitlen Konkurrenz-Gedanken-Welt der Erwachsenen. Und das Beste ist: Es funktioniert wirklich, im entscheidenden Moment darauf zu vertrauen, dass der erste, spontane, menschliche Gedanke oft der richtige ist.

Es gibt einige solcher bewegenden Momente, die im gesellschaftlichen Gedächtnis haften geblieben sind. Momente, die auch aus einer Spontaneität heraus entstanden, nicht von langer Hand vorbereitet worden waren und sicherlich gerade deshalb eine unglaubliche Wirkung hatten. Was hat Willy Brandt gedacht, als er sich im Gedenken an die ermordeten Juden des Warschauer Ghettos auf die Knie fallen ließ? Was dachten Helmut Kohl und François Mitterand, als sie sich auf dem Soldatenfriedhof in Verdun die Hände reichten? Das waren keine kleinen Gesten, es waren große ... Aber auch im Kleinen funktionierten solche Gesten immer wieder. Es geht darum, Rückgrat zu zeigen und im selben Augenblick nicht daran zu denken, was die anderen davon halten, oder ob mir das eventuell schaden könnte. Ein guter Freund aus Leipzig sagt immer, ich sei eben so ein beschissener Humanist, und er meint das sehr liebevoll. Ihm geht es manchmal auf die Nerven, wenn ich von Political Correctness rede. Ganz ehrlich – schon mal von der wortwörtlichen Bedeutung her kann ich damit sehr gut leben. Und außerdem – ganz nebenbei: Es macht Spaß, in ganz konkreten Situationen zu merken, dass es viel angenehmer ist, Brücken zwischen Menschen zu bauen als sie einzureißen, geschweige denn, Mauern hochzuziehen. Mauern werden – das lehrt uns die Geschichte – früher oder später sowieso wieder eingerissen, weil sie uns voneinander trennen. Und das mögen die Menschen nicht. Menschen sind, wie der Name schon sagt, im tiefsten ihrer Herzen humanistisch. Manchmal irren sie sich, aber das ist, wie wir wissen, nur allzu menschlich.

Der Thomaskantor hatte sich, als er mich damals in der Probe zusammengestaucht hat, geirrt, was ihm in diesem Augenblick sicher nicht bewusst war. Mein Bruder hat in dieser Situation spontan getan, was er tun musste, was er für richtig und vor allem für gerecht hielt. Er hat Courage bewiesen, hat Partei ergriffen, hat sich gegen die Autorität gestellt. Für seinen kleinen Bruder und damit gegen den Thomaskantor, gegen die Respektsperson. Es ist ja bereits angeklungen, dass die Beziehung zwischen dem Thomaskantor und mir zu Schulzeiten nicht so richtig herzlich gewesen ist. Wir waren mit dem Thomanerchor auf »Sommerreise«, einer jährlichen Konzertreise, die die Saison vor den großen Ferien im Sommer beenden sollte. Diese Konzertreisen führen uns kreuz und quer durch die DDR. Ich war in der zwölften Klasse, wusste, dass das meine letzte Chorreise sein würde und – ehrlich gesagt – ich war froh darüber, ich sehnte das Ende meiner Zeit im Chor sogar herbei. Das war alles andere als normal. Die meisten meiner Klassenkameraden waren traurig, dass sie bald nicht mehr Sänger im Thomanerchor sein würden. Ich aber wollte endlich andere Musik machen, meine Musik mit meiner Band. Ich wollte raus aus dieser anonymen Masse des Chores, hatte schon die ersten eigenen Lieder geschrieben und wollte damit vor den Leuten auftreten. Man muss vielleicht dazu sagen, dass wir im Rahmen des Thomanerchores zwar ausschließlich umjubelte Konzerte hatten, dass wir nicht nur innerhalb der kleinen, engen Grenzen der DDR unterwegs waren, aber dass ich diesen Applaus nie so richtig genießen konnte. Ich war Teil einer berühmten Institution, die weltweit unterwegs war, aber ich hatte immer das Gefühl, dass mich das nicht wirklich zufrieden macht. Die ersten heimlichen Auftritte mit der Band (eigentlich durften wir das nicht, weil wir damit »dem Ansehen des Thomanerchores schaden« würden) fand ich viel spannender, auch wenn wir damals meist nur auf kleinen Privatpartys vor einem sehr überschaubaren Publikum spielten. Diese Grundhaltung versuchte ich nicht zu verbergen, ganz im Gegenteil, ich zeigte meine ablehnende Haltung offensiv, wodurch ich mir gerade bei der Chorleitung nicht unbedingt Freunde machte. Während der Proben und in letzter Zeit auch während der Konzerte hatte ich schon immer gern kleine, mehr oder weniger unauffällige Text-Veränderungen gesungen, um die umstehenden Sänger zu überraschen oder zu entertainen. Das funktionierte immer sehr gut und hatte den Effekt, dass die, die um mich rumstanden, mit Lachkrämpfen zu kämpfen hatten, während ich versuchte, ernst dreinzublicken. Wenn es im Originaltext hieß: »...da ruhet jetzt der Jungfrau Kind«, sang ich »Rind«, oder beim Vaterunser, das von allen gemeinsam gesprochen wurde, sagte ich anstatt »...und führe uns nicht in Versuchung, sondern erlöse uns von dem Bösen« mit ernster Mine: »...und führe uns nicht in Versuchung, sondern suche uns in der Unterführung«. Es ging mir nicht darum, blasphemisch zu sein, so weit dachte ich nicht, es ging mir darum, dieses bierernste Kirchen-Ding zu durchbrechen und etwas gute Laune in die Runde zu bringen.

So ging es eigentlich immer um Disziplin, es ging darum, sich unterzuordnen, und das fiel mir, je älter ich wurde, schwerer und schwerer. So ein – im allerbesten Sinne – Haufen wie der Thomanerchor funktioniert aber natürlich nur, wenn bei allen Beteiligten eine gesunde Portion Disziplin im Spiel ist. Es kommt nicht so gut an, wenn permanent jemand querschießt, wenn da jemand ist, der die anderen zum Lachen bringt, während andächtige, sakrale Weisen zum Besten gegeben werden. Der Thomaskantor hatte meine Aktionen natürlich mitbekommen und mich diesbezüglich schon mehrfach ermahnt. Es war immer eine Art Auschecken meinerseits – wie weit kannst du gehen, es war ein kleiner Machtkampf, den ich mit ihm führte, möglichst ohne den Bogen zu überspannen, was mir dann aber eben nicht immer gelang. Irgendwann lief das Fass über, und es kam zum Eklat.

Frühsommer 1985 – wir waren unterwegs in Thüringen, in Gräfentonna, einer kleinen Gemeinde in der Nähe von Gotha. Während des Konzertes in dieser wunderschönen Dorfkirche durchbohrte mich der Blick des Thomaskantors förmlich. Er dirigierte, ich sang mit möglichst großer Ernsthaftigkeit, und meine Nachbarn mussten lachen, weil ich gerade wieder mal etwas in meinen Augen höchst Originelles umgedichtet hatte. In diesem Moment spürte ich: »Scheiße, jetzt hast du's übertrieben, jetzt wird es eng!«

Nach dem Konzert machte ich mich, so schnell es ging, davon, wohl in der Hoffnung, dass ich damit dem Ärger aus dem Weg gehen konnte. Ich war zusammen mit meinem besten Freund Dirk privat bei einer Familie untergebracht, und wir redeten darüber, was denn am nächsten Tag wohl passieren würde. Wir sollten im Erfurter Dom singen, ein großes, ein wichtiges Konzert. Am Nachmittag kamen wir zu einer kleinen Probe in den Dom. Das war und ist ein Ritual vor jedem Konzert, weil die Kirchen immer anders sind und wir erstens wissen mussten, wie wir stehen und zweitens ein paar Takte sangen, um die Akustik zu prüfen. Heute sagen wir dazu »Soundcheck«, bei den Chorkonzerten hieß das »Stellprobe«. Zuerst war alles wie immer. Wir erzählten uns gegenseitig von unseren Privatquartieren und wie lange wir in der Nacht noch ferngesehen oder was wir gegessen und vor allem getrunken hatten, und ich dachte schon: »Da hab ich ja nochmal Schwein gehabt.« Allerdings merkte ich schon, dass mir einige meiner Klassenkameraden aus dem Weg gingen. Sie schienen etwas zu wissen, was ich nicht wusste. Es lag was in der Luft, und ich hatte ein ungutes Gefühl.

Irgendwann kam der Thomaskantor, wir stellten uns auf wie immer, es wurde still, alle warteten auf die Begrüßung durch den Chef, und dann brach das Donnerwetter los. Genau kann ich mich nicht mehr erinnern, aber diese Minuten waren alles andere als angenehm. Vor versammelter Mannschaft wurde ich an den Pranger gestellt. Das Maß sei voll, meine Disziplinlosigkeit unerträglich, der Thomanerchor könne es sich nicht leisten, durch einzelne Mitglieder geschädigt zu werden, und die Konsequenzen für mein Handeln würde ich zu tragen haben und hätte mir das alles selbst zuzuschreiben. Zuerst hatte ich es gar nicht wirklich verstanden, und ich hatte auch nicht damit gerechnet, dass es so schlimm werden würde, aber dann kam der Halbsatz »...wird deshalb mit umgehender Wirkung des Chores verwiesen«. Rausschmiss – ohne Wenn und Aber, sofort ab nach Hause. Das war schon zunächst ein Schock.

Ich ging unter den Augen des gesamten Chores zum Bus, holte meinen Koffer und versuchte, mir mein Unbehagen nicht anmerken zu lassen. Ich wollte erhobenen Hauptes gehen, nicht wie ein geprügelter Hund, nicht schuldbewusst, geschweige denn unter Tränen, und das gelang mir auch irgendwie, obwohl es mir nicht leicht fiel, in dieser Situation Haltung zu bewahren. Der Direktor brachte mich persönlich zum Bahnhof und setzte mich in den Zug nach Leipzig. Er sagte mir, dass das eine Entscheidung des Thomaskantors sei, die er durchaus nachvollziehen könne, nach dem, was ich mir in den letzten Wochen und Monaten alles geleistet hatte. Es war aber keinerlei Häme oder gar Schadenfreude in seinen Worten. Ich hatte sogar den Eindruck, dass er die ganze Sache bedauerte, aber natürlich musste er seinen Job machen, und das war für ihn in diesem Moment sicher keine leichte Aufgabe. Dass jemand in der zwölften Klasse, kurz vor Schluss, des Chores verwiesen wurde, war so noch nicht da gewesen, und im Nachhinein erfuhr ich, dass das allen Beteiligten nicht leicht gefallen war.

In der Dorfkirche zu Gräfentonna habe ich also mein letztes Konzert mit dem Thomanerchor gesungen. Schade, aber ich hatte es eben übertrieben. Warum ich wirklich rausgeflogen bin, wurde mir nicht genau gesagt, es war sicher der berühmte Tropfen, der das Fass zum Überlaufen gebracht hat. Streng genommen hatten sie keine andere Wahl, als mich rauszuwerfen. Drei Wochen, bevor es sowieso vorbei gewesen wäre, wurde ich also nach Hause geschickt. Das Abi hatte ich in der Tasche – ein sehr schlechtes zwar (»Sebastian Krumbiegel hat das Abitur – bestanden« – ohne eines der Attribute sehr gut, gut, befriedigend oder genügend), aber ich hatte immerhin mein Abitur.

Als ich im Zug nach Leipzig saß, hatte ich Zeit zum Nachdenken, und ich muss gestehen, so richtig witzig fand ich die ganze Geschichte dann doch nicht. Ich wusste nicht, wie meine Eltern reagieren würden. In Leipzig fuhr ich mit der Straßenbahn nach Hause und malte mir aus, was ich dort zu hören bekommen würde. Ich war zwar schon 19 Jahre alt, aber die Meinung der Eltern spielte für mich eine große Rolle, und manchmal denke ich, dass das in einer solchen oder einer ähnlichen Situation heute nicht anders wäre. Meine Mutter begrüßte mich mit den Worten: »Na – bist du rausgeflogen?« Sie schien gar nicht überrascht zu sein, sondern war ganz entspannt, und das erleichterte mir die ganze Situation ungemein.

Später kämpfte sie sogar noch darum, dass ich meine Urkunde bekam, auf der mir bescheinigt wurde, Mitglied des Thomanerchores gewesen zu sein. Damit stellte sie sich sogar gegen den Thomaskantor und demonstrativ hinter mich – das imponierte mir sehr! Meine Eltern hatten eigentlich immer ein sehr gutes Verhältnis zum Thomaskantor und oft verteidigten sie ihn und seinen Umgang mit mir, zumal sie ja aus erster Hand wussten, dass ich nicht immer ein einsichtiger, einfacher Zeitgenosse war, vor allem, wenn es darum ging, sich Autoritäten zu beugen. Dass der Kantor sich aber geweigert hatte, diese Urkunde zu unterschreiben, machte sie wütend. Immerhin hatte ich neun Jahre lang in diesem Chor gesungen, und dass diese Zeit einfach weggewischt werden sollte, das betrachteten sie als Ungerechtigkeit, und meine Mutter kümmerte sich darum, dass das in Ordnung kam.

Wenn ich mir heute diese Urkunde ansehe, dann glaube ich in der Unterschrift den ganzen Zorn und die Wut des Thomaskantors zu erkennen, und ich bin stolz darauf, dass meine Mutter das durchgezogen hat. Meine Eltern sind schon echt cool! Zum Abschluss dieser ganzen Aktion sagte meine Mutter zu mir: »Naja – jetzt hast du drei Wochen länger Sommerferien – genieß die freie Zeit, ärgere dich nicht über den Rausschmiss, freu dich über den Sommer!«

Dass ich danach auch noch aus der feierlichen Zeugnisausgabe geflogen bin, weil ich nicht angemessen genug gekleidet war, war wohl folgerichtig. Alle anderen hatten ihren dunklen Konzertanzug mit weißem Hemd und Schlips an, den ich aber schon abgegeben hatte, und ich dachte: Wenn schon, denn schon und kam mit gebatikter Maurerhose, Turnschuhen und selbst gefärbtem Hemd in den Festsaal, bzw. bis zum Eingang. Ich wurde zurückgeschickt und musste mir mein Abiturzeugnis später im Sekretariat der Schule abholen, was ich dann in denselben Klamotten tat, plus Stirnband. Das hat irgendwie gepasst – ich hatte mich mit meiner Rolle abgefunden, und ich glaube, es hätte auch niemand etwas anderes erwartet – erst recht nicht meine Eltern.

Es ist sicher das Wichtigste für ein Kind, dass es merkt, dass die Eltern hinter ihm stehen, egal, was es angestellt hat, und dieses Glück hatte ich – und ich habe es heute noch immer. Natürlich ist es wichtig, Spielregeln zu lernen, aber es ist auch wichtig, beigebracht zu bekommen, dass man selbst weiß, was man will und vor allem, dass man weiß, was man nicht will. Ein starker Charakter fällt nicht vom Himmel, eine gefestigte Persönlichkeit entwickelt sich nicht von allein. Auch Kinder, sind sie noch so klein, haben einen

Willen, und wenn man ihnen sagt, dass es besser ist, sich permanent unterzuordnen, dann kommt am Ende eine stromlinienförmige Gestalt raus, die keine eigene Meinung hat, die keine Haltung haben kann, weil sie nie gelernt hat, selbst für etwas zu stehen, geschweige denn, zu kämpfen.

Mein Vater hat mir mal erzählt, dass sie als Eltern bei uns Kindern, als wir mit sechs Jahren in die Schule gekommen sind, kurz Angst hatten, wir könnten ihnen und dem Einfluss ihrer Erziehung entgleiten. Sie hatten befürchtet, dass wir uns nun durch die permanente »Rotlichtbestrahlung« verändern würden, dass wir eines Tages mit linientreuen Slogans nach Hause kommen würden, nach dem Motto: Der Kommunismus ist das Größte und Erich Honecker der Coolste. Das passierte nicht, und das hat seinen Grund. Das Wichtigste geben dir eben doch deine Eltern mit, und ich kann diesbezüglich wirklich froh und dankbar sein. Ich habe die Spielregeln des Lebens von meinen Eltern gelernt und benutze sie heute noch immer. Natürlich habe ich sie nicht immer einhalten können. Es gab oft genug Situationen, da habe ich mich weggeduckt, aus Angst vor Schwierigkeiten. Das passiert auch heute noch und wird sicher auch in Zukunft immer mal wieder vorkommen, weil die Batterien irgendwann auch mal leer sind und nicht jeder permanent in der Lage ist, jeden Kampf auszutragen. Ich bin ungemein stolz auf meinen Vater, der sich so wenig wie möglich verbogen hat. Als Wissenschaftler mit Leib und Seele ist er nie in die SED eingetreten wie viele seiner Kollegen, die dadurch auf der Karriereleiter schneller nach oben geklettert sind, ganz im Gegenteil. Er legte sich – wenn ihm etwas gehörig gegen den Strich ging – mit der Obrigkeit an, auch wenn klar war, dass er den Kürzeren ziehen würde und dadurch einige berufliche Rückschläge würde einstecken müssen. Ein Beispiel war der vergebliche Kampf um den Erhalt der St.-Pauli-Kirche, die von den Leipziger liebevoll »Unikirche« genannt wurde. Diese sollte 1968 auf Geheiß des damaligen Staatsratsvorsitzenden der DDR Walter Ulbricht weggesprengt werden, weil »auf einem sozialistischen Platz eine Kirche nichts zu suchen hat«, oder so ähnlich – das war die offizielle Begründung. Ganz abgesehen von der kulturhistorischen Bedeutung dieses Bauwerkes (es ist nach wie vor ungeheuerlich, wie diese Sprengung damals einfach so durchgewunken werden konnte) hatte diese Kirche für meine Eltern eine ganz besondere Bedeutung. Beide waren Studenten an der Karl-Marx-Universität und haben im Unichor gesungen, oft oder meistens in genau dieser Kirche, und 1963 haben sie in eben dieser Kirche geheiratet. Wenn ich heute die Fotos von der Hochzeit sehe, verstehe ich das umso mehr. Meine Eltern waren außer sich und konnten es nicht fassen, was da mit »ihrer« Kirche passieren sollte.

Mein Vater schrieb »Eingaben«, also Beschwerde-Briefe, an alle möglichen Instanzen, um dieses kulturlose Vorhaben zu verhindern – leider erfolglos. Die Unikirche wurde brutal weggesprengt, trotz vieler Proteste von Leipzigerinnen und Leipzigern, und das war eine schmerzhafte Erfahrung, nicht nur für meine Eltern. Aber sie hatten es wenigstens versucht, sie haben sich gegen die Obrigkeit gestellt, obwohl sie wussten, dass sie dadurch Schwierigkeiten bekommen konnten.

Für meinen Vater sollte das Folgen haben. Viele Jahre später, als er nach dem Fall der Mauer seine Stasi-Akte einsah, wurde ihm klar, warum er damals aus der Forschung in die Produktion versetzt worden war, warum ihm auf seinem Weg als wissenschaftlicher Mitarbeiter immer wieder Steine in den Weg gelegt worden waren. Es gab Kaderakten, in denen Vermerke über »staatsfeindliche Hetze« eingetragen waren. Das hatte berufliche Folgen, und er musste mit ansehen, wie viele seiner linientreuen Kollegen auf der Karriereleiter an ihm vorbeizogen und nach oben gelangten. Doch er brachte es im Laufe der Jahre trotzdem zu etwas und wurde ein international anerkannter Wissenschaftler. Professor Doktor Krumbiegel veröffentlicht noch heute Artikel in Fachzeitschriften, und vor allem ist er heute ein fröhlicher, wacher, alter Mann, der sich über das freut, was er hat, der sein Leben genießt und vor allem im Spiegel einen Menschen erblickt, der ihn anlacht und sagt: Alles richtig gemacht, Peter – du bist ein cooler Typ! Dass mein Vater das wortwörtlich genau so sagen würde, bezweifle ich zwar, aber ich glaube, er würde mir an dieser Stelle, wenn auch mit anderen Worten, recht geben.

Mein Vater hat mir ein paar Geschichten aus seiner Kindheit erzählt, die ich hier kurz wiedergeben möchte: Geboren wurde er im Januar 1936 in einer sächsischen Kleinstadt im Vogtland, in der Nähe von Plauen. Die meisten seiner Klassenkameraden haben sich nachmittags getroffen, um sich auf die Aufnahme bei den »Pimpfen«, der Kinderorganisation der Hitlerjugend, vorzubereiten. Er wollte dazugehören, das war gerade in einer kleinen Stadt, in der jeder jeden kannte, sehr wichtig. Mein Vater war jedoch ein eher schwächliches Kind und wurde nicht aufgenommen. Wenn er mit seiner Mutter durch die Straßen des Städtchens ging und seine Klassenkameraden in ihren Uniformen vorbeimarschieren sah, hat der sich immer ein bisschen geschämt, nicht dabei sein zu dürfen.

In der Schule wurde immer am Anfang der Woche, am Montagmorgen, eine Art Appell abgehalten. Alle Schüler standen im Treppenhaus, hörten sich Reden der Schulleitung an und sangen zum Abschluss zuerst das Horst-Wessel- und dann das Deutschlandlied. Während des Singens der Lieder, also wirklich von der ersten bis zur letzten Strophe, mussten alle den rechten Arm zum deutschen Gruß in die Luft gereckt halten, was meinem Vater schwerfiel, weswegen er sich immer einen Platz am Treppengeländer suchte, um ihn heimlich darauf ablegen zu können. Das ging lange gut, bis er eines Tages von einem Lehrer dabei erwischt wurde und mächtigen Ärger bekam. Überhaupt war es üblich, wenn man auf der Straße den Schuldirektor oder andere Autoritätspersonen sah, die Hacken zusammenzuknallen und laut und deutlich »Heil Hitler, Herr Direktor« zu rufen, was mein Vater natürlich auch tat. Das war ihm in Fleisch und Blut übergegangen, so dass er das eines schönen Tages, als der Krieg seit ein paar Wochen vorbei war, reflexhaft tat, als er ihm begegnete. Es wirkt fast komisch, wenn man es aus heutiger Sicht betrachtet, denn der Direktor kam auf ihn zu, nahm ihn dezent zur Seite und sagte: »Peter, das machen wir jetzt nicht mehr, das ist jetzt vorbei.« Mein Vater erzählte mir dann, dass er ihn später nicht mehr getroffen hat. Er war scheinbar wirklich ein straffer Nazi, so dass er dann eben von heute auf morgen von der Bildfläche verschwand. Mein Vater sagte, die Russen haben ihn wohl ins Gefängnis oder in ein Lager gesteckt.

Ich muss es abschließend so sagen: Ich bin froh und dankbar, bei diesen meinen Eltern aufgewachsen zu sein. Es ist meine feste Überzeugung, dass ich ihnen sehr viel zu verdanken habe.

13 »37 – 38 – 39 – PFIRSICH«

Die sinnlosesten 18 Monate meines Lebens
Mit dem Abitur in der Tasche konnte es endlich losgehen mit dem, was mir wirklich wichtig war: Musik! Genauer mit Musik, die ich persönlich wirklich machen wollte. Ich schrieb die ersten Texte und Lieder, freute mich auf ein paar kleine Auftritte, fuhr mit einem Klassenkameraden an die Ostsee auf die Insel Hiddensee und danach mit meinen beiden Band-Kumpels nach Budapest und verliebte mich dort in Ildiko, das bezauberndste Mädchen der Welt. Alles war perfekt, wie im Rausch. Die Schule abgeschlossen, das Leben lag vor mir! Dazu war es ein herrlicher, traumhafter Sommer, der leider viel zu schnell vorbeiging, und plötzlich war Anfang November 1985, ich war gerade 19 Jahre alt, überlegte, wie ich möglichst bald wieder nach Budapest zu meinem Mädchen kommen konnte. Ich hatte – ganz nebenbei – meine erste Band am Start, mit der wir sogar schon ein paar kleine Erfolge hatten. Und wir hatten natürlich blühende Träume und große Pläne. Wir wollten doch Popstars werden oder wenigstens so was Ähnliches. Leider wurde weder aus der Musik noch aus dem Mädchen zunächst mal was, denn etwas anderes stand an: der »Ehrendienst bei der Nationalen Volksarmee«. Normalerweise es war üblich, sich für drei Jahre zu verpflichten, wenn man studieren wollte. Auch diesbezüglich waren wir als ehemalige Thomaner privilegiert. Keiner von uns musste drei Jahre zur Armee, wir alle hatten »nur« 1½ Jahre vor uns, und das war schlimm genug. Dass diese Zeit im offiziellen Sprach-

gebrauch »Ehrendienst« hieß, war schon ein Hohn an sich. Dass sie die verlorenste meines Lebens werden würde, wusste ich vorher. Ich hatte mir vorgenommen zu versuchen, das alles nicht so nah an mich rankommen zu lassen, aber das war gar nicht so leicht. Schon nach kurzer Zeit wurde mir klar, dass es die erste Grundregel in einer Armee ist, deine Persönlichkeit zu brechen, damit du zum willenlosen Befehlsempfänger wirst. Damit du das machst, was ein dich anbrüllender höherer Dienstgrad dir vorschreibt. Das mochte ich logischerweise überhaupt nicht, denn genau damit hatte ich schon im Thomanerchor und in der Schule meine Probleme. Ich wollte mich sehr bewusst gegen diese Regeln auflehnen, wollte mich dieser Hierarchie nicht unterordnen und versuchte, so ähnlich, wie ich es in der Schule gemacht hatte, das Ganze auf eine andere Weise zu meistern, mit Humor und Leichtigkeit, oder wenigstens mit einem Augenzwinkern.

Am ersten Tag, beim Durchzählen auf dem langen Kasernengang sagte ich, als ich an der Reihe war, nach 37 – 38 – 39 – »Pfirsich«. Gelächter bei den anderen frisch gebackenen Soldaten und dann das Gebrüll des Unteroffiziers: »Ruhe – wer war das?!«

Krumbiegel – sagte ich freundlich – Sebastian Krumbiegel. Er: »Das heißt Soldat Krumbiegel! Und diesen Namen und dieses Gesicht werde ich mir gut merken!«

An einem der ersten Abende in der Kaserne mussten wir alle auf dem Schießplatz antreten, in voller Montur, mit Stahlhelm, Knarre und Sturmgepäck. Dieser Unteroffizier ließ uns Runden laufen und brüllte plötzlich: »Soldat Krumbiegel – Gas!« – was bedeutete, dass ich als einziger die Gasmaske aufsetzen und weiterrennen sollte. Das musste ich dann wirklich tun (»Das ist ein Befehl!«), und das war alles andere als schön. Ein trüber, nasskalter Novemberabend, es regnete in Strömen, und ich war plötzlich fix und fertig. Ich dachte in diesem Moment, das geht jetzt 1½ Jahre so weiter, und eine Mischung aus Wut, Traurigkeit und Selbstmitleid kam angeflogen. Zu diesem Weltschmerz kam noch der Gedanke an Ildiko, meine unerreichbare Liebe in Budapest, und ich brach zusammen und hatte keine Lust mehr auf irgendwas. Hatten die jetzt schon erreicht, was sie wollten? Hatten sie mich jetzt schon, nach ein paar Tagen, geknackt? Durch den Regen hat dieser sadistische Unteroffizier nicht gemerkt, dass ich mit den Tränen kämpfen musste, dass ich den ganzen Frust aus mir rausheulte. Diese Genugtuung wollte ich ihm nicht gönnen. Ich wollte ihm gegenüber keine Schwäche zeigen, und das war das einzige, was mir in dieser Situation Kraft gab. Ich wusste allerdings

auch, dass dieser Mistkerl mich für seine Spielchen auserkoren hatte. Das Übliche folgte am nächsten Tag: Klo sauber machen, Flur schrubben, immer wieder Spind-Kontrolle, Betten-Kontrolle und Stubendienst – ich versuchte, das alles mit einem Lächeln zu ertragen und schaffte es auch irgendwie, wenigstens nach außen.

Ein paar Tage später hatten wir Nahkampfausbildung bei meinem Lieblings-Sadisten, und er zitierte mich nach vorn, um an mir verschiedene Judo-Würfe zu demonstrieren. Ich versuchte zu protestieren und sagte, dass ich das schon im Sportunterricht in der Schule nicht konnte, was auch wirklich der Wahrheit entsprach – in der 9. oder 10. Klasse hatte ich mir beim Judo sogar mal das Schlüsselbein gebrochen. Er bestand allerdings darauf, diese »Fallübung« mit mir zu machen, ich diskutierte noch ein bisschen rum, aber es half nichts. Er warf mich mit irgendeinem Kunstwurf in hohem Bogen auf die Matte. Ich schrie auf, wand mich in Schmerzen am Boden und blieb, mir die Schulter haltend, liegen. Natürlich hatte ich gar nichts, aber ich wollte diesen Machtkampf gewinnen und simulierte fürchterliche Schmerzen. Mit gepresster Stimme und vermeintliche Tränen unterdrückend sagte ich schluchzend, dass ich ihm das doch vorher gesagt hätte. Jetzt ist hier garantiert irgendwas ausgerenkt, verknackst oder sogar gebrochen. Er stellte sich breitbeinig über mich und sagte: »Krumbiegel – wenn du mich jetzt verarschst, dann wirst du hier deines Lebens nicht mehr froh.«

Das musste ich jetzt also irgendwie durchziehen, und das tat ich auch. Ich wurde in die Notaufnahme und dann zum Röntgen gefahren, und die Ärzte des Krankenhauses außerhalb der Kaserne kannten natürlich ihre Simulanten. Aber ich wusste ja noch, welche Schulter das damals in der Schule gewesen war, und diesen Bruch, der zwar schon seit Jahren verheilt war, sah man auf dem Röntgenbild. Diagnose: Schlüsselbeinbruch links.

Den Arm trug ich nun in einer Schlinge, und mir wurde gesagt, dass ich ihn so ruhig wie möglich halten solle, und das mindestens drei Wochen lang. Es war gewöhnungsbedürftig, das konsequent durchzuziehen, aber ich tat es, und über drei Wochen lang konnte ich so gut wie nichts machen. Niemand wusste, dass ich gar nichts hatte, und ich triumphierte innerlich, während ich mit Leidensmiene durch die Gegend schlich. So musste ich eine möglichst lange auszudehnende Zeit nicht mit der Knarre durch den Dreck kriechen oder über die Sturmbahn rennen. Manchmal zwischendurch schloss ich mich auf dem Klo ein, bewegte mein Ellenbogengelenk auf und ab, ballte immer wieder die Faust und durchblutete damit meinen armen, geschundenen Arm. Diese Runde ging an mich, und diese Art des fantasievollen »Hier halte ich mich jetzt lieber mal raus«-Gedankens kultivierte ich in den kommenden Monaten. Auch wenn ich später noch immer mal wieder von diesem dämlichen Unteroffizier träumte – mir war wichtig, dass ich durch meine Schlüsselbein-Aktion der Sieger geblieben war, das gab mir Kraft, Mut und das nötige Selbstbewusstsein, diese Zeit bei der NVA unbeschadet zu überstehen.

Und viel mehr ist über diese 1½ Jahre auch nicht zu berichten – 542 Tage waren irgendwann endlich vorbei und das Leben konnte von Neuem beginnen – jetzt wirklich!

»STASI IST NICHT GLEICH STASI« 14

Vergeben und vergessen?
Hans-Joachim Rotzsch war der 15. Thomaskantor nach Johann Sebastian Bach und zu meiner Zeit im Chor der unumstrittene Boss dieser Institution. Er war eine Respektsperson. Er war aber eben auch mehr. Für viele Thomaner war er, und das war eine große Stärke, sogar so etwas wie eine Vaterfigur. Einige, mit denen er ab und zu aneinandergeraten war, mochten ihn sicher weniger leiden, aber ich denke, er wurde innerhalb des Chores als Chef allseits geachtet, geschätzt und verehrt. Er leitete ihn nach Meinung vieler Kenner der Szene gut, sowohl künstlerisch-musikalisch als auch pädagogisch. Ganz nebenbei hat er ihn auch durch die Siebziger- und Achtzigerjahre, die letzten zwei Jahrzehnte der DDR, geführt, und er hatte es geschafft, Bestrebungen, aus diesem christlich geprägten Traditionsensemble eine Art linientreuen Pionierchor zu machen, erfolgreich unterbunden. Seine Karriere als Thomaskantor wurde 1991 allerdings abrupt beendet. Er trat freiwillig zurück, um einer Entlassung durch die Stadt Leipzig zuvorzukommen, denn er hatte während seiner Dienstzeit als Thomaskantor für das Ministerium für Staatssicherheit (MFS) gearbeitet. Das sollte ihm nun zum Verhängnis werden.

Es ist sehr schwierig, dieses Thema differenziert zu betrachten, und ich weiß, dass ich mich damit auf dünnes Eis begebe. Ich möchte nichts bagatellisieren, was mit dem Willkürstaat DDR zu tun hat, möchte auf gar keinen Fall irgendjemanden beschämen oder beleidigen, der unter diesem System gelitten hat, dessen Leben aus den Fugen geraten ist. Gerade denjenigen, die es mit der Stasi zu tun bekamen, die als Opfer dieses Ministeriums Schwierigkeiten bekommen haben, die verhaftet, verhört und gedemütigt wurden, die im Gefängnis gesessen haben, diesen Menschen fällt es logischerweise schwer, jemanden zu verteidigen, der selbst ein Rädchen in diesem Getriebe war. Wir sollten aber dennoch versuchen, uns immer wieder vor Augen zu halten, dass nicht jeder, der irgendwann mal eine Verpflichtungserklärung für das MFS unterschrieben hat, ein »Stasi-Scherge«, ein Spitzel oder ein Verräter gewesen ist. Hans-Joachim Rotzsch war also Leiter einer städtischen und damit einer staatlichen Einrichtung. Der Thomanerchor war einer der wichtigsten Kulturbotschafter des Landes und Rotzsch als Chef des Ganzen hatte natürlich Gespräche und Kontakte mit diversen staatlichen Stellen. Schon mal wegen der vielen Auslandsreisen hinter den Eisernen Vorhang musste es solche Verbindungen geben. Wir alle waren »Reisekader«, wenn wir ins westliche Ausland fuhren, und das unterlag einer strengen Kontrolle durch die staatlichen Behörden. Natürlich kann ich nicht meine Hand dafür ins Feuer legen, dass er niemals etwas getan hat, was einem einzelnen Thomaner hätte schaden können, ich bin aber fest davon überzeugt, dass er immer zum Wohle des Chores gehandelt hat, denn dieser war sein Lebensinhalt Nummer eins.

Ich möchte eine Lanze brechen für Hans-Joachim Rotzsch, der Besseres verdient gehabt hätte, als mit Schimpf und Schande vom Hof gejagt zu werden, nach allem, was er für den Thomanerchor Leipzig und die Kultur im allgemeinen getan hat.

Ein Freund fragte mich neulich, warum ich bisher noch keine Einsicht in meine Stasi-Akte beantragt habe. »Wenn ich wüsste, dass es da irgendwo Material über mich gibt, Beobachtungen oder Berichte über meine Jugend, dann würde ich das garantiert wissen wollen.« Ich habe mich bis jetzt noch nicht ernsthaft dafür interessiert, und ich weiß nicht mal genau, warum. Habe ich Angst davor, mit Sachen konfrontiert zu werden, die ich vielleicht gar nicht wissen will? Ist da ein Unbehagen, weil ich keine alten Wunden aufreißen will? Oder gibt es diese Wunden überhaupt? War ich denn wichtig oder interessant genug? Existiert überhaupt eine Stasi-Akte von mir? Wenn ich anfange, darüber nachzudenken, dann erwacht natürlich die Neugier, dann frage ich mich, warum ich nicht sofort morgen losrenne, um den Antrag auf Akteneinsicht zu stellen. Mein Vater berichtete von unglaublichen Nebensächlichkeiten, von völlig sinnlosen, fast langweiligen Berichten, die er über sich in seiner Akte gelesen hat. Manchmal, so sagte er, war es fast unfreiwillig komisch. Vielleicht könnte ich so etwas auch einfach als fast satirische Beschreibungen sehen, vielleicht würde ich mich ja köstlich amüsieren? Vielleicht aber eben auch nicht. Habe ich Angst davor, unbequeme Wahrheiten zu erfahren? Würde ich meine Meinung über Menschen, die ich mochte, die ich in meinen Erinnerungen immer noch mag, ändern müssen?

Wie gesagt – ich war junge 23 Jahre alt, als die DDR zusammenkrachte, und ich war definitiv kein Staatsfeind.

Natürlich war ich, schon mal durch meine Eltern, sicher »auf dem Radar« der »Firma Horch und Guck«, wie die Stasi oft spöttisch genannt wurde, natürlich schrieb ich schon damals Texte, die sicher interessant für die waren oder mindestens auffällig, aber reichte das für eine Stasi-Akte? Wenn ich jetzt so darüber nachdenke, dann merke ich, dass ich das ziemlich emotionslos tue. Es interessiert mich nicht wirklich, aber vielleicht erfahre ich ja Dinge, die mir weiterhelfen. Vielleicht erfahre ich ja, dass in meinem näheren Umfeld überhaupt keine Stasi-Aktion stattfand. Vielleicht werde ich aber auch von einem alten Freund bitter enttäuscht, nach dem Motto: Ach du Schreck – der auch? Von dem hätte ich das niemals erwartet. Aber – um es noch mal zu sagen: Stasi ist nicht gleich Stasi. Natürlich gab es widerliche, zynische und brutale Menschen in der »Firma«. Aber es gab eben auch solche, die erpresst worden sind, die gezwungen wurden, mitzuarbeiten, Menschen, die vielleicht keine andere Wahl hatten. Und – und dieser Gedanke wird oft völlig vergessen – es gab auch Menschen, die fest davon überzeugt waren, das Richtige zu tun, die voller Elan dafür lebten, das »sozialistische, das bessere Deutschland vor inneren und äußeren Feinden zu beschützen«. Zu denen gehörte der damalige Thomaskantor definitiv nicht – dafür kannten ihn auch meine Eltern zu gut.

Dass mein Verhältnis zu ihm nicht gut war, habe ich schon mehrfach anklingen lassen, immerhin hat er mich persönlich aus dem Chor rausgeschmissen. Wir haben uns übrigens wenige Jahre nach meinem Rauschmiss getroffen, uns ausgesprochen, einander die Hände gereicht und die Dinge, die zwischen uns gestanden hatten, geklärt und ausgeräumt. Das war lange vor dem Fall der Mauer und hat mit dem Stasi-Thema nichts zu tun. Das war persönlich, zwischenmenschlich, hatte ausschließlich mit ihm und mir zu tun – alles Weitere steht auf einem anderen Blatt. Nach seiner Kündigung haben viele Leipzigerinnen und Leipziger versucht, sich für seinen Verbleib im Amt starkzumachen. Mehr als 25.000 Menschen sollen eine entsprechende Petition unterschrieben haben, und sogar die Thomaner selbst hatten an die Außenmauer des Internates groß, für jeden sichtbar »Wir wollen unseren Thomaskantor wiederhaben« geschrieben. Es hat nichts genützt, die Entscheidung war gefallen, das Thema war durch.

Jahre später machte ein Gerücht die Runde: Rotzsch gehe es nicht gut, weniger gesundheitlich – natürlich war er mittlerweile ein alter Mann, konnte nicht mehr gut hören und war allgemein etwas klapprig geworden, aber im Kopf topfit – nein, finanziell gehe es ihm schlecht, er könne sich nicht mal ein Hörgerät leisten, welches er als nach wie vor musikalisch aktiver Mensch dringend benötigt hätte. Durch seine Kündigung waren seine Ansprüche auf Rente minimal – er hatte einfach nicht das Geld für das Nötigste, und das beschämte viele Menschen, die mit ihm zu tun hatten – mich auch. Es wurde eine Sammelaktion ins Leben gerufen – auf ein Konto konnte man unter dem Zahlungsgrund »Hörgerät« etwas Geld überweisen, was auch dazu führte, dass er sich irgendwann einen solchen Apparat kaufen konnte, peinlich und unangenehm, oder besser unangemessen fand ich das allerdings trotzdem. Damals habe ich viele Briefe und Mails geschrieben. Es ging mir ja nicht mal vordergründig um die vollständige Rehabilitierung von Hans-Joachim Rotzsch, auch wenn ich das gern gesehen hätte – mir ging es vor allem darum, dass es ein Mann wie er nicht verdient hatte, seinen Lebensabend so unwürdig zu verbringen. Es hätte viele Möglichkeiten gegeben, ihm wenigstens das Nötigste angedeihen zu lassen.

Durch meine Schirmherrschaft beim Leipziger Ronald-McDonald-Haus, das durch eine bundesweit agierende Stiftung betrieben wird, lernte ich die ehemalige Präsidentin des Bundestages, Prof. Dr. Rita Süssmuth, kennen. Sie ist im Vorstand dieser Stiftung tätig, und ihr schilderte ich den Sachverhalt, genau wie dem damals amtierenden sächsischen Innenminister Thomas De Maizière. Bei einer Veranstaltung sprach ich den sächsischen Ministerpräsidenten Georg Milbradt darauf an, alles ohne Erfolg. Erst ein enger Vertrauter des Leipziger Oberbürgermeisters sagte mir, was Sache war und nahm mir die letzte Hoffnung, irgendwas für Rotzsch erreichen zu können: »Beim Thema Stasi hast du ganz schlechte Karten – da will sich keiner die Finger verbrennen.« Aber kann man das? Sollte man pauschalisieren und so über Einzelschicksale entscheiden? Wie gesagt – diese Diskussion ist sehr emotionsgeladen. Ich möchte versuchen, das Thema von verschiedenen Seiten zu betrachten und dazu eine kurze Geschichte erzählen:

Mein Vater berichtete mir von einem seiner Kollegen, einem Wissenschaftler, für den seine Arbeit der Lebensmittelpunkt war. Ein Forscher mit Leib und Seele, der besessen war von seinem Tun und sich ständig weiterbilden wollte, um in seinem Fachgebiet immer auf dem neuesten Stand zu sein. Nun war es in der DDR oft sehr schwer, an Fachliteratur heranzukommen. Gute Bücher waren rar, man bekam sie sehr schwer. Eine beliebte Quelle war die Leipziger Buchmesse, die damals zweimal im Jahr stattfand, im Frühling und im Herbst. Besagter Kollege entdeckte dort an einem Messestand ein Buch, das für ihn der Schlüssel zum Glück war – er musste es haben, dieses Buch würde ihn in seiner Forschung um Quantensprünge nach vorn bringen. Er fragte die Standhilfe, ob er es kaufen könne, was diese leider verneinte. Auch auf mehrmalige Nachfrage hin ließ sie sich nicht erweichen. Das Buch sei ein Ausstellungsstück und somit unverkäuflich. Irgendwann schien der jungen Frau dieser verzweifelte Wissenschaftler leid zu tun, so dass sie sich dazu hinreißen ließ, ihm anzubieten, sie könne ja einfach mal wegsehen – wenn er wüsste, was sie meine. Jetzt tat der Wissenschaftler etwas, was er so sicherlich noch nie getan hatte: Er nahm das Buch, das ihm so viel bedeutete, steckte es unter seinen Mantel und machte sich mit schlechtem Gewissen und gleichzeitig großer Vorfreude auf die Lektüre auf den Weg nach Hause. Am Ausgang wurde er von zwei auffällig unauffälligen Herren angesprochen: »Na – was hat denn der Herr Doktor da versteckt? Haben wir etwa ein Druckerzeugnis vom Messestand gestohlen? Das sieht aber gar nicht gut aus für Sie und Ihre Karriere. Naja – wir können Ihnen ein Angebot machen. Wenn Sie in Zukunft mit uns zusammenarbeiten ...«

Um es vorwegzunehmen: Mein Vater sagte, dass sein Kollege auf dieses Angebot nicht eingegangen ist, dass er lieber in Kauf genommen hat, seinen Beruf in Zukunft nicht mehr oder wenn, mit vielen Einschränkungen und Unannehmlichkeiten ausüben zu können. Kann ich von mir behaupten, dass ich genau so reagiert hätte? Wenn mir einer sagen würde: Ab morgen darfst du nicht mehr öffentlich Musik machen, wenn du nicht für uns arbeitest? Ich habe das Glück, nie in eine solch widerliche Lage gekommen zu sein, und dafür bin ich dankbar. Wenn mir heute jemand sagt, dass er in einer ähnlichen Situation garantiert standhaft geblieben wäre, wenn er fest davon überzeugt ist, dass er nie und nirgends erpressbar wäre, dass er gefeit wäre, vor so perfiden Methoden einzuknicken, dann hat er meinen Respekt oder sogar meine Bewunderung verdient.

Hans-Joachim Rotzsch hatte ein paar Jahre vor seinem Tod in einem Interview gesagt, dass er kein Held sei und auch keiner mehr werde. Sicher hat er damals einen Fehler gemacht, als er unterschrieben hat, aber deswegen ist er noch lange kein schlechter Mensch. Sicher war er blauäugig, vielleicht war er auch einfach nur zu bequem und hat es sich zu leicht gemacht. Vielleicht wollte er aber auch nur für sein Lebensprojekt, den Thomanerchor, das Beste. Ein Stasi-Schwein, das andere Menschen fertiggemacht hat, war er definitiv nicht.

Im Alter von 84 Jahren ist er in Leipzig gestorben. Er war, bei allen Differenzen, der musikalische Lehrmeister meiner Kindheit, und ich wollte ihn vor seinem Tod noch mal sehen und mich voller Respekt von ihm verabschieden. Als ich die Tür seines Zimmers im Elisabeth-Krankenhaus öffnete, staunte ich nicht schlecht, denn da saß schon jemand. Es war einen Tag vor seinem Tod, Ende September 2013. Er lag im Bett, erkannte mich sofort, obwohl er, im Endstadium seiner Krebserkrankung schon hart auf Morphium war und sagte als erstes: »Da ist ja die Familie fast komplett.« Mein Bruder traute seinen Augen kaum, wir hatten uns wirklich nicht abgesprochen, und jetzt trafen wir uns hier, am Sterbebett unseres alten Thomaskantors. Wir blieben über eine Stunde dort und sprachen über alles Mögliche. Auch wenn er durch die harten Drogen ab und zu etwas wirr daherredete – immer wieder hatte er völlig klare Momente. Wir sprachen viel über Musik und wenig über Politik, und zwischendurch kamen immer wieder Erinnerungen von ihm angeflogen, die uns beide, die wir jahrelang unter ihm gesungen hatten, verblüfften. Er erzählte von ganz konkreten Einzelheiten, die während der Chorreisen passiert waren, er wusste noch unglaublich viele Namen aus unseren Jahrgängen, und er erinnerte sich sogar daran, wie der große Bruder den heulenden kleinen aus dem Probesaal geführt hatte. Das war ein guter Nachmittag am Sterbebett von Hans-Joachim Rotzsch. Als wir uns dann verabschiedeten, wussten wir nicht, dass es für immer sein sollte, aber wir fühlten uns auf eine wundersame Weise beschwingt und gut. Mein Bruder und ich hatten nicht vordergründig ihm einen Gefallen getan, auch wenn er sich sichtlich über unseren Besuch gefreut hatte. Es war etwas anderes gewesen. Kein Anstandsbesuch, kein Pflichttermin, auch nicht unbedingt die sprichwörtliche »letzte Ehre«, die wir ihm erweisen wollten. Es war eine offene Begegnung auf Augenhöhe, und es war auch eine Art Aufräumen, ein Ordnungmachen im Chaos der verschwommenen Erinnerungen. Im Nachhinein denke ich, dass er uns in diesem Moment viel mehr gegeben hat als wir ihm.

NACHWORT

So – jetzt hab ich nochmal alles gelesen, was ich in den letzten Wochen und Monaten aufgeschrieben habe, und ich denke: Ja – so, oder so ähnlich könnte das alles gewesen sein. Natürlich weiß ich, dass das keine große Welt-Literatur ist, die ich in den Nächten nach Konzerten und an freien Tagen in mein Smartphone getippt habe. Ich bin in erster Linie Musiker, aber ich hoffe, dass dieses Buch auch ein wenig unterhaltsam und anregend ist. Ich jedenfalls habe das Gefühl, dass es gut war, mal ein bisschen in meiner Vergangenheit gewühlt zu haben, weil ich dadurch meine ganz persönliche Sicht auf die Dinge reflektiert und so eine Menge gelernt habe. Am meisten über mich selbst, aber eben auch ganz schön viel über die Zeit, in der wir heute leben.

»Bewegte Zeiten« – das höre ich in diesen Tagen immer öfter, wenn ich mit Freunden und Bekannten über Gott und die Welt rede. Viele machen sich Sorgen, viele haben den Eindruck, dass sich etwas verändert hat, dass dieses selbstverständliche Gefühl der Geborgenheit, der Sicherheit, des Friedens und der Freiheit fast unmerklich nach und nach abhandengekommen ist. Und wenn ich mir selbst gegenüber ehrlich bin, geht es mir manchmal ähnlich. Das mag ich nicht, das ist wider meine Natur, und ich möchte mich dagegen wehren. Es ist leicht zu sagen: Mach dir keine Sorgen, es gibt keinen Grund, Angst haben zu müssen, aber das Herz sagt in diesen bewegten Zeiten oft etwas anderes als der Verstand. Und ich möchte auf keinen

Fall in dieses pessimistische Horn blasen, mich verkriechen und über die böse, kalte Welt jammern. Das ist eine Falle, eine Einbahnstraße, die in die falsche Richtung führt. Ich will woanders hin, und das ist gar nicht so schwer.

Immer wieder treffe ich Menschen, die mir Mut machen, die mich bestärken, weiterzumachen, nach vorn zu schauen, nach den schönen Dingen im Leben zu suchen. Das hat nichts mit Augenwischerei zu tun, sondern damit, das Leben bewusst zu genießen und daran zu glauben, dass es sich lohnt, für Dinge, die wir lieben, einzustehen und um Sachen, die uns wichtig sind, zu kämpfen. Das möchte ich auch weiterhin tun. Möglichst unabhängig von einem wie auch immer gearteten ideologischen Korsett, möglichst offen und frei von Vorurteilen, auch wenn wir alle nicht wirklich frei davon sind. Aber wenn wir versuchen, unserem Gegenüber freundlich zu begegnen, wenn wir es schaffen, unseren Humanismus als Kompass zu gebrauchen, dann sind wir auf einem guten Weg. Ich jedenfalls versuche, mir jeden Tag aufs Neue vorzunehmen, cool und freundlich zu bleiben und trotzdem klar meine Meinung zu sagen, wenn mir etwas gegen den Strich geht. Das gelingt mir nicht immer, aber immer öfter, und wenn ich meine Lieder singe, dann versuche ich, genau das zu transportieren. Ja – diese Welt ist schwierig. Sie ist zerstritten, weil sie mannigfaltig, aber deshalb eben auch bunt und spannend ist. Sie ist wunderschön, sie ist zerbrechlich, und wir sollten uns darüber im Klaren sein, dass wir nur diese eine haben. Und wie es sich für einen Musiker gehört, kommt hier eine letzte Zugabe:

Diese Welt ist unbezahlbar

Weil die Welt aus den Fugen scheint
Ha'm wir Angst und sind irritiert
Weil so viel um uns rum passiert
Dass die ganze Zeit der Himmel weint
Jeden Tag kriegen wir 'nen Schreck
Weil es überall knallt und kracht
Und das ist gar nicht mehr so weit weg
Deshalb ha'm wir uns gedacht:
Diese Welt ist unbezahlbar – Einzigartig – Einzelstück
Ohne sie kann keiner leben –
Deshalb wünschen wir viel Glück
Diese Welt ist unbezahlbar – und es wäre nicht im Sinne
Des Erfinders, wenn sie demnächst
Tragisch vor die Hunde ginge
Wenn wir woll'n kriegen wir das hin
Mit viel Liebe und ohne Hass
Ja natürlich, wir schaffen das
Das sagt sogar die Kanzlerin
Ganz im Ernst, wenn du mich jetzt fragst
Ob das geht, ob es möglich ist
Dann weiß ich, ich bin Optimist
Und ich möchte, dass du zu mir sagst:
Diese Welt ist unbezahlbar – und wir haben den Verdacht
Dass sie, wenn wir uns nicht kümmern,
Bald erschöpft zusammenkracht
Diese Welt ist unbezahlbar – wär' sie weg –
Mein Gott, wir hätten
Keinen Grund mehr uns zu lieben –
Also lass sie uns lieber retten

Musik & Text: Sebastian Krumbiegel, © Tapete Songs
(Ein kostenloser Download dieses Songs ist verfügbar über den QR-Code auf dem Buchumschlag.)

BILDLEGENDEN

S. 7: Geschenk von Udo Lindenberg, (Größe: 100x70 cm), die Zeichnung hängt im Wohnzimmer von SK.

S. 14: SK mit seinem ersten VW-Käfer vor dem Elternhaus, 1990. Foto: privat

S. 75: Ziviler Ungehorsam in Dresden mit dem Aktionsbündnis »Dresden nazifrei« am 13.02.2012. Foto: privat

S. 94: Thomanerchor in der Thomaskirche, Leipzig, 1983 (1. Reihe, der dritte Sänger von links ist Bandkollege Wolfgang Lenk, der sechste Sänger von links ist Bruder Martin, 2. Reihe ganz rechts: SK). Foto: privat

S. 107: SK als Jungpionier bei der Einschulung der Schwester Susanne am 01.09.1975. Foto: privat

S. 116: Die »Herzbuben« im Elternhaus in der »Bude unterm Dach«, 1987 (von links nach rechts: Wolfgang, Jens, Dirk). Foto: privat

S. 149: Die »Prinzen«, erste Autogrammkarte, 1991, © Jim Rakete / photoselection

S. 154: SK mit Udo Lindenberg, 26.06. 2016, Leipzig, Foto: Thomas Fabian

S. 178: Familie Krumbiegel auf Hiddensee im Sommerurlaub 1976 (von links nach rechts: Martin, Susanne und Sebastian). Foto: privat

S. 204: Das Foto wurde in der Kaserne aufgenommen, Ende 1985. Foto: privat

S. 216: Leipzig 2015, Foto: Markus Wustmann

Für alle Lebensliebhaber bietet das Gütersloher Verlagshaus Durchblick, Sinn und Zuversicht. Wir verbinden die Freude am Leben mit der Vision einer neuen Welt.

UNSERE VISION EINER NEUEN WELT

Die Welt, in der wir leben, verstehen.

Wir sehen Menschlichkeit als Basis des Miteinanders:
Mitgefühl, Fürsorge und Beteiligung lassen niemanden verloren gehen. Wir stehen für gelingende Gemeinschaft statt individueller Glücksmaximierung auf Kosten anderer.

Wir leben in einer neugierigen Welt:
Sie sucht ehrgeizig und mitfühlend Lösungen für die Fragen unseres Lebens und unserer Zukunft. Wir fragen nach neuem Wissen und drücken uns nicht vor unbequemen Wahrheiten – auch wenn sie uns etwas kosten.

Wir leben in einer Gesellschaft der offenen Arme:
Toleranz und Vielfalt bereichern unser Leben. Wir wissen, wer wir sind und wofür wir stehen. Deshalb haben wir keine Angst vor unterschiedlichen Weltanschauungen.

Das Warum und Wofür unseres Lebens finden.

Wir helfen einander, uns selber besser zu verstehen:
Viele Menschen werden sich erst dann in ihrem Leben zuhause fühlen, wenn sie den eigenen Wesenskern entdecken – und Sinn in ihrem Leben finden.

Wir ermutigen Menschen, zu ihrer Lebensgeschichte zu stehen:
In den Stürmen des Alltags geben wir Halt und Orientierung. So können sich Menschen mit ihren Grenzen aussöhnen und zuversichtlich ihr Leben gestalten.

Wir haben den Mut, Vertrautes hinter uns zu lassen:
Neugierde ist die Triebfeder eines gelingenden Lebens. Wir wagen Neues, um reich an Erfahrung zu werden.

Erfahren, was uns im Leben trägt und erfreut.

Wir glauben an die Vision des Christentums:
Die Seligpreisungen der Bergpredigt lassen uns nach einer neuen Welt streben, in der Vereinsamte Zuwendung, Vertriebene Zuflucht, Trauernde Trost finden – und Gerechtigkeit, Barmherzigkeit und Frieden herrschen.

Wir geben Menschen die Möglichkeit, den Glauben (neu) zu entdecken:
Persönliche Spiritualität gibt Kraft, spendet Trost und fördert die Achtung vor der Schöpfung sowie die Freude am Leben.

Wir stehen mit Respekt vor der Glaubenserfahrung anderer:
Wissen fördert Dialog und Verständnis, schützt vor Fundamentalismus und Hass. Wir wollen die Schätze anderer Religionen kennenlernen, verstehen und respektieren.

GÜTERSDIE
LOHERVISION
VERLAGSEINER
HAUSNEUENWELT

Bibliografische Information der Deutschen Nationalbibliothek

Die Deutsche Nationalbibliothek verzeichnet diese Publikation
in der Deutschen Nationalbibliografie; detaillierte bibliografische
Daten sind im Internet über https://portal.dnb.de abrufbar.

 Verlagsgruppe Random House FSC® N001967

1. Auflage
Copyright © 2017 Gütersloher Verlagshaus, Gütersloh,
in der Verlagsgruppe Random House GmbH,
Neumarkter Str. 28, 81673 München

Der Verlag weist ausdrücklich darauf hin, dass im Text enthaltene externe
Links vom Verlag nur bis zum Zeitpunkt der Buchveröffentlichung eingesehen
werden konnten. Auf spätere Veränderungen hat der Verlag keinerlei Einfluss.
Eine Haftung des Verlags ist daher ausgeschlossen.

Umschlaggestaltung: Gute Botschafter GmbH, Haltern am See
Umschlagmotiv: © Markus Wustmann
Druck und Bindung: GGP Media GmbH, Pößneck
Printed in Germany
ISBN 978-3-579-08657-6

www.gtvh.de